ΣBEST シグマベスト

シグマ基本問題集

古文・漢文

矢野雅子 編著

JN112135

CLASSICS

文英堂

特色と使用法

◎『シグマ基本問題集　古文・漢文』は、問題を解くことによって古文・漢文を基本からしっかり理解していくことをねらった日常学習用問題集である。編集にあたっては、次の点に気を配り、これらを本書の特長とした。

学習内容を細分し、重要ポイントを明示

学習をしやすいよう、古文の内容を29の項目に、漢文の内容を7項目に分けた。また、その項目で押さえておきたいポイントを「テストに出る重要ポイント」にまとめた。必ず目を通すこと。

「基本問題」と「応用問題」の2段階編集

基本問題は、重要ポイントの内容を確実に身につけるための問題で、下段には?アドバイスも付けている。設問が解けない場合には参考にしてほしい。**応用問題**は「基本問題」より設問の難度が高い、発展的な問題である。こちらも「アドバイス」を参考にして、できるだけ自分で考えよう。

また、数項目ごとに**「長文問題」**を設け、長文を読解する中で、きちんと力がついているかを確認できるようにした。これらの問題文は、基礎的なものを中心に取り扱っている。これらの問題を通して、古文文法や漢文句法の力が無理なく身につけることができるようにしている。

設問のうち、応用力が試される問題には 差がつく マークを、より複合的な力が試される問題には 発展 マークをつけた。それぞれのマークを参考に、読解のポイントをしっかり確認してほしい。

くわしい解説付きの別冊正解答集

解答は答え合わせをしやすいように別冊とし、**問題の解き方が完璧にわかるようにくわしい解説をつけた**。また、「長文問題」には、現代語訳 や 書き下し文（漢文のみ）を載せ、重要語句 や 作品 も示しているので、答え合わせだけでなく、これらも読んで、より深い知識を手に入れてほしい。

もくじ

第1章　古文

1 品詞 …… 4
2 活用形 …… 6
3 動詞の活用の種類 …… 9
長文問題 大和物語(姥捨) …… 16
4 形容詞 …… 18
5 形容動詞 …… 20
長文問題 枕草子(春はあけぼの) …… 22
6 助動詞「き」「けり」 …… 24
7 助動詞「つ」「ぬ」 …… 27
8 助動詞「たり」「り」 …… 30
9 助動詞「ず」 …… 32
10 助動詞「る」「らる」 …… 34
11 助動詞「す」「さす」「しむ」 …… 37
長文問題 竹取物語(かぐや姫の誕生) …… 40
12 助動詞「む」「むず」 …… 42
13 助動詞「らむ」「けむ」 …… 45
14 助動詞「まし」 …… 49
15 助動詞「べし」 …… 52
16 助動詞「じ」「まじ」 …… 55
長文問題 伊勢物語(東下り) …… 59
17 助動詞「なり(伝聞推定)」「めり」「らし」 …… 61
18 助動詞「なり(断定)」「たり」 …… 65
19 助動詞「まほし」「たし」 …… 68
20 助動詞「ごとし」 …… 70
長文問題 土佐日記(門出) …… 72
21 係助詞 …… 73
22 格助詞 …… 76
23 接続助詞 …… 79
24 副助詞 …… 83
25 終助詞 …… 86
26 間投助詞 …… 90
長文問題 伊勢物語(都鳥) …… 92
27 副詞 …… 94
長文問題 更級日記(源氏の五十余巻) …… 98
28 敬語の種類 …… 100
29 注意すべき敬語表現 …… 106
長文問題 徒然草(九月二十日のころ) …… 109

第2章　漢文

30 訓読のきまり …… 110
31 再読文字 …… 116
長文問題 論語・春秋左氏伝 …… 119
32 受身形 …… 122
長文問題 後漢書 …… 125
33 使役形 …… 127
34 否定形 …… 129
長文問題 西京雑記 …… 133
35 疑問形・反語形 …… 135
36 抑揚形 …… 140
長文問題 十八史略 …… 142

◆別冊 正解答集

1 品　詞

★テストに出る重要ポイント

▼**品詞**……単語は、その文法上の性質から次のような基準で、十の品詞に分類することができる。

①自立語であるか付属語であるか。
②活用するかしないか。
③どのような文節になることができるか。

■品詞分類表

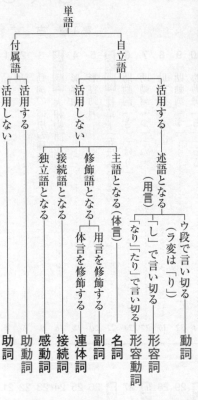

単語	自立語	活用する	述語となる（用言）	ウ段で言い切る（ラ変は「り」）	**動詞**
				「し」で言い切る	**形容詞**
				「なり」「たり」で言い切る	**形容動詞**
		活用しない	主語となる（体言）		**名詞**
			修飾語となる	用言を修飾する	**副詞**
				体言を修飾する	**連体詞**
			接続語となる		**接続詞**
			独立語となる		**感動詞**
	付属語	活用する			**助動詞**
		活用しない			**助詞**

暗記ポイント！

品詞を見分けられるようにする。大切なのは、下の語によって活用する（形を変える）語。活用するのは、動詞・形容詞・形容動詞と助動詞。

◆自立語と付属語

自立語＝文節をつくることができる語。一文節の最初に必ず一つある。

付属語＝単独で文節をつくることができない語。一文節に一つもない場合も、二つ以上ある場合もある。

◆用言と体言

用言＝述語をつくる作用を持つ語。動詞・形容詞・形容動詞。

体言＝実体を持つ語。名詞のこと。

古文

基本問題

解答➡別冊 p.2

1 品詞名

次の傍線部の品詞名を答えよ。

(1) 昔、男ありけり。
(2) かきつばたいとおもしろく咲きたり。
(3) いと大きなる河あり。
(4) 日も暮れぬ。
(5) 京には見えぬ鳥なれば、みな人見知らず。
(6) 名にし負はばいざ言問はむ都鳥
(7) わが思ふ人はありやなしやと

アドバイス

1 品詞は、自立語か付属語か、活用するかしないか、どんな文節になるかを考えて見分ける。

応用問題

解答➡別冊 p.2

2 次の文の文法的説明として誤っているものを一つ選べ。

（後継者を取り立てることが）ならぬ事あるべし。　（早稲田大）

ア　助動詞は一つだけである。
イ　自立語が全部で三つある。
ウ　活用語は四つ用いてある。
エ　連用形は全く見当たらない。

アドバイス

2 単語に分け、ひとつひとつ品詞を見分けていく。

2 活用形

テストに出る重要ポイント

- 活用形名…活用形には未然(みぜん)形・連用(れんよう)形・終止(しゅうし)形・連体(れんたい)形・已然(いぜん)形・命令(めいれい)形の六つの形がある。どの活用形かは、下に付く語を手がかりに判別する。

暗記ポイント!

それぞれの活用形に接続するおもな助詞や助動詞を覚えて、活用形を見分けられるようにしておく。

活用形	下に付くおもな語・用法
未然形 →「未だ然(しか)らざる形(＝まだそうなっていない形)」の意味	①助動詞「る・らる」「す・さす・しむ」「ず」「む・むず」「まし」「じ」「まほし」 ②接続助詞「ば」…順接の仮定条件「もし～ならば」 接続助詞「で」…打消の接続「～ないで」 ③終助詞「なむ」…他に対する願望「～てほしい」 終助詞「ばや」…自己の願望「～たい」
連用形 →「用言に連なる形」の意味	①助動詞「き」「けり」「つ」「ぬ」「たり(完了)」「たし」「けむ」 ②接続助詞「て」「つつ」 終助詞「てしがな」「にしがな」…自己の願望「～たいものだ」 ③用言　※用言(動詞・形容詞・形容動詞)の上の活用語は連用形。 ④連用形で、文をいったん中止してさらに下に続ける。連用形の下に読点(、)をつけることもある。

古文

終止形 ↓「文を終止して言い切る形」の意味	①助動詞「らむ」「べし」「まじ」「らし」「めり」「なり(伝聞推定)」 ※ただし、ラ変型活用語の場合は連体形で接続する。 ②接続助詞「と・とも」…逆接の仮定条件「～としても」 ③文末を引用する格助詞「と」が接続。 句点(。)で文を終止して言い切る。
連体形 ↓「体言に連なる形」の意味	①助動詞「なり(断定)」「ごとし」 ②格助詞「を」「に」「が」 接続助詞「を」「に」「が」 ③疑問語や係助詞「や・か・ぞ・なむ」がある場合、文末の活用語は連体形。 ④体言　※体言(名詞)の上の活用語は連体形。 ⑤連体形の下に体言が省略され、体言に準じる働きをする。 ⑥詠嘆・余情を込めて、連体形で文を終止する。
已然形 ↓「已(すで)に然(しか)る形(＝すでにそうなった形)」の意味	①助動詞「り」　※四段活用の動詞の場合。命令形説もある。 ②接続助詞「ば」…順接の確定条件「～と・～ので・～といつも」 接続助詞「ど・ども」…逆接の確定条件「～けれども」 ③係助詞「こそ」がある場合、文末の活用語は已然形。
命令形 ↓「命令して言い切る形」の意味	①文末を引用する格助詞「と」が接続。命令の意味。 句点(。)で、命令の意味で言い切る。 ②放任の意味で言い切る。

基本問題

3 活用形名

次の活用形名を答えよ。

(1) 女もしてみむとて、
(2) しづくならでは、
(3) 歌合はせありけるに、
(4) あやしかりけむを、
(5) 持たせて、
(6) 住むべき国求めにとて行きけり。
(7) 家へ持ちて来ぬ。
(8) あたはぬことなり。
(9) 高名の木登りといひし男、
(10) 夜半(よは)にや君が一人越ゆらむ
(11) すずろなる目
(12) この女をこそ得めと思ふ。
(13) 世は定めなきこそいみじけれ。
(14) 恥ぢかはしてありけれど、
(15) 観音、助け給へ。

?アドバイス
3 下に付いている語に注意して、活用形を見分ける。

解答➡別冊 p.3

応用問題

4 次の空欄に入る、「食ふ」のふさわしい活用形を、後から選べ。（早稲田大）

A いささかもの（ A ）こともなくなりぬ。
B 母のものも（ B ）であるを見て、
C 「われ、もの多く（ C ）つ。」

ア 未然形　イ 連用形　ウ 終止形　エ 連体形　オ 已然形　カ 命令形

?アドバイス
4 下に付いている語に注意して、ふさわしい活用形を選ぶ。

解答➡別冊 p.3

3 動詞の活用の種類

✪テストに出る重要ポイント

▼**正格活用と変格活用**…一定のきまりに従って規則正しく活用するものを**正格活用**、規則からはずれたものを**変格活用**と呼ぶ。

	活用の種類	未然形	連用形	終止形	連体形	已然形	命令形
変格活用	サ行変格活用	せ	し	す	する	すれ	せよ
	カ行変格活用	こ	き	く	くる	くれ	こ・こよ
	ナ行変格活用	な	に	ぬ	ぬる	ぬれ	ね
	ラ行変格活用	ら	り	り	る	れ	れ
正格活用	上一段活用	i	i	iる	iる	iれ	iよ
	下一段活用	e	e	eる	eる	eれ	eよ
	四段活用	a	i	u	u	e	e
	上二段活用	i	i	u	uる	uれ	iよ
	下二段活用	e	e	u	uる	uれ	eよ

暗記ポイント！

変格活用と語数の少ない上一段活用・下一段活用は、属する動詞を覚えてしまう。それ以外の活用は、見分け方を覚える。

◆活用の種類の見分け方　重要

語数の少ない活用は、属する語を覚える。

サ変……「す」「おはす」の二語
カ変……「来」の一語
ナ変……「死ぬ」「往ぬ（去ぬ）」の二語
ラ変……「あり」「居り」「侍り」「いまそかり（いますかり）」の四語
上一段……「見る」「率る」「居る」など十数語
下一段……「蹴る」の一語

それ以外は、「ず」を付けて見分ける。

四段……アの段（aの母音）＋ず
上二段……イの段（iの母音）＋ず
下二段……エの段（eの母音）＋ず

■サ行変格活用

「す」「おはす」の二語。

基本形	語幹	未然形	連用形	終止形	連体形	已然形	命令形
す	(す)	せ	し	す	する	すれ	せよ

	a	i	u	e	o	
未然形				せ		例 音もせず。
連用形		し				例 音したり。
終止形			す			例 音などす。
連体形			する			例 すること
已然形			すれ			例 音すれば
命令形				せよ		例 音せよ。

■カ行変格活用

「来(く)」一語。

基本形	語幹	未然形	連用形	終止形	連体形	已然形	命令形
来	(来)	こ	き	く	くる	くれ	こ・こよ

	a	i	u	e	o	
未然形					こ	例 来ず。
連用形		き				例 来けり。
終止形			く			例 とぶらひに来。
連体形			くる			例 来るとき、
已然形			くれ			例 来れば、
命令形					こ・こよ	例 こち来。

●サ行変格活用

「す」「おはす」以外に、「体言＋す」の複合語もサ行変格活用。

具(ぐ)す(＝連れる・伴う)・困(こう)ず(＝疲れる)・念ず(＝我慢する)

ものす(＝する・行く)・死す・心す・案ず・愛す

ご覧ず(＝ご覧になる)・奏す(＝帝に申し上げる)・啓す(＝中宮に申し上げる)

助動詞では推量の「むず」がサ変型。

●カ行変格活用

「来」以外に、「出で来」「持て来」などの複合語もカ行変格活用。

■ナ行変格活用

「死ぬ」「往(い)ぬ(去(い)ぬ)」の二語。

基本形	語幹	未然形	連用形	終止形	連体形	已然形	命令形
死ぬ	死	な	に	ぬ	ぬる	ぬれ	ね

	a	i	u	e	o	
未然形	な					例 死なず。
連用形		に				例 死にたり。
終止形			ぬ			例 死ぬ。
連体形			ぬる			例 死ぬるとき
已然形			ぬれ			例 死ぬれば
命令形				ね		例 死ね。

■ラ行変格活用

「あり」「居(を)り」「侍り」「いまそかり(いますかり)」の四語。

基本形	語幹	未然形	連用形	終止形	連体形	已然形	命令形
あり	あ	ら	り	り	る	れ	れ

	a	i	u	e	o	
未然形	ら					例 あらず。
連用形		り				例 ありけり。
終止形		り				例 あり。
連体形			る			例 あるとき
已然形				れ		例 あれば
命令形				れ		例 あれ。

❖ナ行変格活用

すべての活用形が違い、また語も限定されているので、ナ行の変格活用と言う。

助動詞では完了の「ぬ」がナ変型。全く同じ活用をする。

❖ラ行変格活用

終止形が「u」段で終わらないので、変格活用という。

「さり」(副詞「さ」＋「あり」)、「しかり」(副詞「しか」＋「あり」)もラ行変格活用。

助動詞では「めり」「なり(伝聞推定)」「けり」「たり」「り」がラ変型。さらに打消の「ず」の「ざら・ざり・○・ざる・ざれ・ざれ」の行もラ変型。

形容詞の補助活用や形容動詞もラ変型で、形容詞型活用をする「べし」「まじ」「まほし」「たし」や、形容動詞型活用をする断定の「なり」「たり」もラ変型。

■上一段活用

「射る」「着る」「似る」「煮る」「干る」「見る」「率る」「居る」など。

基本形	語幹	未然形	連用形	終止形	連体形	已然形	命令形
見る	(見)	み	み	みる	みる	みれ	みよ

	a	i	u	e	o	
未然形		i				例 見ず。
連用形		i				例 見て、
終止形		iる				例 見る。
連体形		iる				例 見るとき
已然形		iれ				例 見れば、
命令形		iよ				例 見よ。

■下一段活用

「蹴る」一語。

基本形	語幹	未然形	連用形	終止形	連体形	已然形	命令形
蹴る	(蹴)	け	け	ける	ける	けれ	けよ

	a	i	u	e	o	
未然形				e		例 蹴ず。
連用形				e		例 蹴たりしかば
終止形				eる		例 蹴る。
連体形				eる		例 蹴る人
已然形				eれ		例 蹴れば
命令形				eよ		例 蹴よ。

◆上一段活用

「u」の段を中心に上の一段で活用するから、上一段活用と言う。上一段活用の語は現在も使われているが、古文では語が限られている。

「率る(＝連れて行く)」「居る(＝座る・〜ている)」はワ行上一段活用。

「顧みる」「試みる」「用ゐる」などは語幹と活用語尾の区別がある上一段活用。

◆注意する上一段活用動詞

- 居る…ワ行上一段活用
- 居り…ラ行変格活用

- 見る…マ行上一段活用
- 見ゆ…ヤ行下二段活用
- 見す…サ行下二段活用

◆下一段活用

「u」の段を中心に下の一段で活用するから、下一段活用と言う。

■四段活用

「ず」をつけると、「行かず」のように、活用語尾がアの段になる。

基本形	語幹	未然形	連用形	終止形	連体形	已然形	命令形
行く	行	か	き	く	く	け	け

	a	i	u	e	o	
未然形	a					例 行かず。
連用形		i				例 行きたり。
終止形			u			例 行く。
連体形			u			例 行く時
已然形				e		例 行けば
命令形				e		例 行け。

■上二段活用

「ず」をつけると、「過ぎず」のように、活用語尾がイの段になる。

基本形	語幹	未然形	連用形	終止形	連体形	已然形	命令形
過ぐ	過	ぎ	ぎ	ぐ	ぐる	ぐれ	ぎよ

	a	i	u	e	o	
未然形		i				例 過ぎず。
連用形		i				例 過ぎぬ。
終止形			u			例 過ぐ。
連体形			uる			例 過ぐるほどに
已然形			uれ			例 過ぐれば
命令形		iよ				例 過ぎよ。

◆四段活用

「o」の段以外の四段で活用するから、四段活用と言う。

助動詞では「む」「らむ」「けむ」が四段型。

◆注意する四段活用動詞

「飽く」は現代語「飽きる」と活用が異なるので注意する。「染む」「頼む」は二種類の活用があり、意味も変わるので注意する。

飽く…カ行四段活用

染む…マ行四段活用（＝染まる）
　　マ行下二段活用（＝染める）

頼む…マ行四段活用（＝あてにする）
　　マ行下二段活用（＝あてにさせる）

◆上二段活用

「u」の段を中心に上の二段で活用するから、上二段活用と言う。

◆注意する上二段動詞

「老（お）ゆ」「悔（く）ゆ」「報（むく）ゆ」はヤ行上二段活用。

■下二段活用

「ず」をつけると、「受けず」のように、活用語尾がエの段になる。

基本形	語幹	未然形	連用形	終止形	連体形	已然形	命令形
受く	受	け	け	く	くる	くれ	けよ

	a	i	u	e	o	
未然形				e		例 受けず。
連用形				e		例 受けて
終止形			u			例 受く。
連体形			uる			例 受くるもの
已然形			uれ			例 受くれば
命令形				eよ		例 受けよ。

◆下二段活用

「u」の段を中心に下の二段で活用するから、下二段活用と言う。

◆注意する下二段動詞

「得(う)」「経(ふ)」「寝(ぬ)」は語幹と活用語尾の区別がない。「得(う)」「心得(こころう)」「所得(ところう)」のみア行で活用する。

「飢(う)う」「植(う)う」「据(す)う」はワ行下二段活用。

「見ゆ」「絶ゆ」「聞こゆ」「覚ゆ」はヤ行下二段活用。

助動詞では「る」「らる」「す」「さす」「しむ」「つ」が下二段型。

基本問題

5 活用の種類

次の傍線部の動詞の活用の種類と活用形名を答えよ。

(1) 男も<u>す</u>なる日記(にき)といふものを、（土佐日記）

(2) 女もしてみむとて、<u>する</u>なり。（土佐日記）

解答➡別冊 p.4

？アドバイス

5 変格活用や語数の少ない活用に属する語でないかを考える。そうでなければ、打消の「ず」をつけて判別する。

(3) 秋来(き)ぬと目にはさやかに見えねども(古今集)
(4) 「いづら、猫は。こち率(ゐ)て来(こ)。」(更級日記)
(5) 「我こそ死なめ。」(竹取物語)
(6) さすがに住む人のあればなるべし。(徒然草)
(7) 命あるものを見るに、人ばかり久しきはなし。(徒然草)
(8) ただ水の泡にぞ似たりける。(方丈記)
(9) 愛敬(あいぎやう)ありて、言葉多からぬこそ、飽かず向かはまほしけれ。(徒然草)
(10) 悔ゆれども、取り返さるる齢(よはひ)ならねば、(徒然草)
(11) 思ひつつ寝(ぬ)ればや人の見えつらむ(古今集)
(12) いでむままにこの物語見果てむと思へど、見えず。(更級日記)

応用問題

6 「興ぜさせたまひて」の説明として最も適当なものを選べ。(立命館大)

ア サ変「興ず」の未然形　イ 下二段「興ず」の連用形
ウ 上二段「興ず」の未然形　エ 四段「興ず」の連体形
オ 四段「興ず」の已然形

7 「来ぬれば」の読みを平仮名で答えよ。〈差がつく〉(青山学院大)

8 「絶え」の終止形をひらがなで答えよ。(関西学院大)

解答➡別冊 p.4

? アドバイス

7 「来」はカ行変格活用。活用形によって読みが異なる。

長文問題　大和物語（姨捨(おばすて)）

解答➡別冊 *p.5*

◎次の文章を読んで、後の問いに答えよ。

信濃(しなの)の国に[a]更級といふところに、男住みけり。若き時に親は[①]死にければ、をばなむ親のごとくに、若くより添ひて[②]あるに、この妻(め)の心いと[A]心憂きこと多くて、この姑の、[B]老いかがまりてゐたるを常に憎みつつ、男にも、このをばの御心の[C]さがなく、あしきことを言ひ聞かせければ、昔のごとくにもあらず、[D]おろかなること多く、このをばのためになりゆきけり。このをば、いといたう[③]老いて、二重にて[④]ゐたり。これをなほ、この嫁、ところせがりて、今まで死なぬことと思ひて、よからぬことを言ひつつ、「持ていまして、深き山に捨てたうびてよ。」とのみ責めければ、責められわびて、さしてむと思ひなりぬ。

月のいと明かき夜、「[b]嫗ども、[E]いざ給へ。寺に尊きわざすなる、[⑤]見せ奉らむ。」と[(1)]言ひければ、[(2)]限りなく喜びて負はれにけり。高き山のふもとに住みければ、その山にはるばると入りて、高き山の峰の、下り来べくもあらぬに置きて逃げて[⑥]来ぬ。

[(3)]「やや。」と言へど、[(4)]いらへもせで逃げて、家に来て思ひをるに、[(5)]言ひ腹立てけるをりは、腹立ちて、[F][⑦]かくしつれど、[G]年ごろ親のごと養ひつつあひ添ひにければ、いと悲しく[⑧]おぼえけり。この山のかみより、月もいと限りなく明かくいでたるを眺めて、夜一夜いも[⑨]寝られず、悲しうおぼえければ、かくよみたりける、

　わが心慰めかねつ更級や姨捨(をばすて)山に照る月を[⑩]見て

とよみてなむ、[(6)]また行きて迎へ持て来(き)にける。それよりのちなむ、姨捨山と[⑪]言ひける。

（「大和物語」一五六段）

！語注

▼ところせがりて＝やっかいがって。

▼持ていまして、深き山に捨てたうびてよ。＝連れてお行きになって、深い山に捨ててしまってください。

▼さしてむ＝そうしてしまおう。

▼ども＝親しさを示す接尾語。

▼寺に尊きわざすなる、見せ奉らむ。＝寺で尊い法会をするそうなので、お見せ申し上げよう。

問一 傍線部a「更級」b「嫗」の読みを現代仮名遣いで答えよ。

問二 次の問いに答えよ。

(1) 傍線部①「死に」②「ある」⑥「来」⑦「し」の動詞の終止形、活用の種類、活用形名を答えよ。

(2) ④「ゐ」⑩「見」の動詞の終止形、活用の種類、活用形名を答えよ。

(3) ③「老い」⑤「見せ」⑧「おぼえ」⑨「寝」⑪「言ひ」の動詞の終止形、活用の種類、活用形名を答えよ。

問三 傍線部A「心憂き」C「さがなく」E「いざ給へ」G「年ごろ」の意味を答えよ。

問四 傍線部B「この姑の、老いかがまりてゐたる」とほぼ同じ内容の一文をそのまま書き抜け。

問五 傍線部D「おろかなること多く、このをばのためになりゆきけり」の解釈として最も適当なものを次から選べ。**発展**

ア　男は、このおばの世話に疲れて、愚かな行動をとることが多くなった。

イ　このおばは、妻のせいで、老いた振る舞いをすることが多くなった。

ウ　男が、このおばをおろそかに扱うことが多くなっていった。

エ　このおばは、老いたせいで、男の妻にいじめられることが多くなっていった。

オ　妻が、おばの介護のため、男に対して冷淡になることが多くなっていった。

問六 傍線部(1)〜(6)は誰の動作か、次からそれぞれ選べ。

ア　男　　イ　をば　　ウ　妻

問七 傍線部F「かく」とはどのようなことか、簡潔に答えよ。

?アドバイス

問二　変格活用や、語幹と活用語尾の区別のない動詞に注意する。

問七　「かく」は副詞で「このように」の意味。前の部分から指示内容を読み取る。

4 形容詞

テストに出る重要ポイント

▼形容詞……形容詞の活用には、ク活用とシク活用の二種類がある。

	基本形	語幹	未然形	連用形	終止形	連体形	已然形	命令形
ク活用	高し	高	(く) から	く かり	し ○	き かる	けれ ○	○ かれ
シク活用	美し	美	(しく) しから	しく しかり	し ○	しき しかる	しけれ ○	○ しかれ

「高し」のように語尾が「(く)・く・し・き・けれ・○」となるものがク活用。「美し」のように語尾が「(しく)・しく・し・しき・しけれ・○」となるものがシク活用。

連用形「〜く」＋ラ変動詞「あり」の「〜くあり」からできた補助的な活用があり、ラ変型の活用をし、主として助動詞に接続する。

活用の種類の見分け方　重要

ク活用かシク活用かは、動詞「なる」をつけて判別する。

高し＋なる→「高く・なる」→ク活用
美し＋なる→「美しく・なる」→シク活用

形容詞の語幹の用法

形容詞の語幹（シク活用の場合は終止形）には、次のような用法がある。

(1) 語幹だけで、感動的な言い方となる。
例 あな、心憂。（＝ああ、情けない。）

(2) 語幹に「の」がついて連体修飾語となる。（語幹＋の＋体言＋間投助詞「や」）
例 をかしの御髪や。（＝美しい御髪だなあ。）

(3) 語幹に「み」がついて原因理由を表す。「AをBみ」（AがBなので）という形。
例 潟(かた)を無(な)み（＝干潟がないので）

(4) 語幹に「さ」「み」が付いて名詞となる。
例 冬ぞさびしさまさりける
（＝冬が寂しさがまさったなあ。）

形容詞型活用

助動詞では、「べし」「まじ」「まほし」「たし」が形容詞型で、ラ変型の活用をする。（「ごとし」は形容詞型だが、ラ変型ではない。）

基本問題

解答➡別冊 p.7

9 形容詞の活用の種類

次の形容詞の活用の種類を答えよ。

(1) 憂し　(2) まさなし　(3) やむごとなし

(4) すさまじ　(5) いみじ　(6) つきづきし

10 形容詞の活用形名

次の文から形容詞を書き抜き、活用形名を答えよ。

命長ければ辱(はぢ)多し。長くとも四十(よそぢ)に足らぬほどにて死なんこそ、めやすかるべけれ。（徒然草）

? アドバイス

9 形容詞の活用の種類は、「なる」をつけて判別する。

応用問題

解答➡別冊 p.7

11 「しのばしかりければ」の文法的説明として正しいものを選べ。（早稲田大）

ア　形容詞＋助動詞＋助動詞＋助詞　イ　形容詞＋助動詞＋助詞＋助詞

ウ　形容詞＋助動詞＋助詞　エ　形容詞＋助詞＋助詞＋助動詞＋助詞

オ　形容詞＋助詞＋助詞

12 次の文に用いられている形容詞をそのまますべて抜き出し、それぞれの活用形を答えよ。 差がつく （神戸大）

清範(せいはん)、講師(かうじ)にて、説くこと、はたいと悲しければ、ことにもののあはれ深かるまじき若き人々、皆泣くめり。（枕草子）

? アドバイス

11 「しのばし」は、「慕わしい」の意味の形容詞。

5 形容動詞

★テストに出る重要ポイント

▼**形容動詞**……形容動詞の活用には、ナリ活用とタリ活用の二種類がある。

	基本形	語幹	未然形	連用形	終止形	連体形	已然形	命令形
ナリ活用	静かなり	静か	なら	なり に	なり	なる	なれ	なれ
タリ活用	堂々たり	堂々	たら	たり と	たり	たる	たれ	たれ

「静かなり」のように終止形が「なり」となるものはナリ活用。「堂々たり」のように終止形が「たり」となるものはタリ活用。

ナリ活用は「～かなり」「～げなり」「優なり」「きよらなり」「あてなり」「まめなり」「いたづらなり」など。タリ活用は語幹がすべて漢語（朦朧(もうろう)たり・悄然(しょうぜん)たり・蕭々(しょうしょう)たり）であり、鎌倉時代以降使われることが多い。

形容動詞は連用形「～に」「～と」の語にラ変動詞「あり」のついた「～にあり」「～とあり」からできたもので、**ラ変型**で活用する。

◆形容動詞の語幹の用法

形容動詞の語幹には、次のような用法がある。

(1) 語幹だけで、感動的な言い方となる。

例 あな、無慙や。（＝ああ、気の毒だなあ。）

(2) 語幹に「の」がついて連体修飾語となる。

例 おぼろけの紙（＝普通の紙）

(3) 語幹に「さ」が付いて名詞となる。

例 閑かさや（＝静かだなあ）

◆形容動詞型活用

助動詞では、「なり（断定）」「たり」が形容動詞型で、ラ変型の活用をする。

基本問題

解答➡別冊 p.8

13 形容動詞の活用形名

次から形容動詞を書き抜き、活用形名を答えよ。

(1) 野分のまたの日こそ、いみじうあはれにをかしけれ。（枕草子）

(2) 世になく清らなる玉の男皇子（をのこみこ）さへ生まれ給ひぬ。（源氏物語）

(3) 南には蒼海漫々（さうかいまんまん）として、岸打つ波も茫々（ばうばう）たり。（平家物語）

応用問題

解答➡別冊 p.8

14

次の傍線部の文法的説明として最も適当なものを後から選べ。（青山学院大）

その善いかに大きなりとも、つむ事なからんには、福をいたすに及ぶべからず。

ア 形容動詞「大きなり」の終止形

イ 形容詞「大きい」の語幹＋動詞「なる」の連用形

ウ 形容動詞「大きなり」の語幹＋断定の助動詞「なり」の終止形

エ 形容動詞「大きなり」の連体形＋完了の助動詞「り」の連用形

オ 形容詞「大きい」の語幹＋伝聞推定の助動詞「なり」の連用形

15

「清げなりければ」の文法的説明として最も適当なものを選べ。（立命館大）

ア サ変動詞　イ 打消の助動詞　ウ ラ行四段活用　エ 使役の助動詞

オ 伝聞の助動詞　カ 完了の助動詞　キ 形容動詞の一部　ク 断定の助動詞

ケ 尊敬の助動詞　コ 動詞の一部

? アドバイス

13 形容動詞の活用の種類は、ナリ活用とタリ活用。

? アドバイス

14 後の語にも注意して選択肢を選ぶ。

長文問題　枕草子（春はあけぼの）

解答➡別冊 p.9

◎次の文章を読んで、後の問いに答えよ。

A春はあけぼの。Bやうやう①白くなりゆく、C山ぎは少しあかりて、紫だちたる雲の細くたなびきたる。

夏は夜。月のころはDさらなり、やみもなほ、蛍の多く飛びちがひたる。また、ただ一つ二つなど、②ほのかにうち光りて行くもをかし。雨など降るもをかし。

秋は夕暮れ。夕日のさしてE山の端いと近うなりたるに、烏（からす）の寝どころへ行くとて、三つ四つ、二つ三つなど飛び急ぐさへ③あはれなり。まいて雁（かり）などの連ねたるが、いと小さく見ゆるは④いとをかし。日入り果てて、風の音（ね）、虫の音など、はた言ふべきにあらず。

F冬はつとめて。雪の降りたるは言ふべきにもあらず、霜のいと白きも、Gまたさらでもいと⑤寒きに、火など急ぎおこして、炭持てわたるもHいとつきづきし。昼になりて、ぬるくゆるびもていけば、火桶（ひをけ）の火も白き灰がちになりてIわろし。

（「枕草子」春はあけぼの）

！語注

▼火桶＝円形の火鉢。中で炭を燃やして暖をとる。

問一 次の問いに答えよ。

(1) 傍線部①「白く」④「をかし」⑤「寒き」について、それぞれの品詞、終止形、活用の種類、活用形名を答えよ。

(2) 傍線部②「ほのかに」③「あはれなり」について、それぞれの品詞、終止形、活用の種類、活用形名を答えよ。

問二 傍線部A「春はあけぼの」の下に省略されている語を、本文中から書き抜け。

問三 傍線部C「山ぎは」E「山の端」の説明として、最もふさわしいものをそれぞれ選べ。

ア 山の最も突き出てとがった所
イ 山の最も低いくぼんだ所
ウ 空の、山に接するあたり
エ 山の、空に接する稜線のあたり
オ 空の上の方

問四 傍線部B「やうやう」D「さらなり」F「つとめて」H「つきづきし」の意味を答えよ。

問五 傍線部G「さらでも」の「さら」は「そのようだ」という意味であるが、「さら」がさしているものを二つ、文中から書き抜け。

問六 傍線部I「わろし」とはなぜなのか、最も適当なものを次から選べ。 発展

ア 火桶（ひおけ）の火が消えると寒いから。
イ 火桶の灰の世話を誰もしたがらないから。
ウ みすぼらしく、年をとった感じがするから。
エ 冬のひきしまった感じがしなくなるから。
オ 誰も火桶を必要としなくなるから。

? アドバイス

問五 「さらでも」の「で」は、打消の接続を表す接続助詞。

問六 火桶の炭火が白い灰が多くなることのどういった点を「わろし」として言っているのか。

6 助動詞「き」「けり」

★テストに出る重要ポイント

き

接続　連用形　＋　き

活用

基本形	未然形	連用形	終止形	連体形	已然形	命令形	活用型
き	(せ)	○	き	し	しか	○	特殊型

意味

1 過去「～た」……確実に記憶にある動作や事柄について回想する。話し手、書き手自身が直接に体験したことについて回想する場合が多いので、直接体験の過去とも呼ぶ。

① 京にて生まれたりしをんなご、国にてにはかに失せにしかば、(土佐日記)

② おほかた、この所に住み始めし時は、あからさまと思ひしかども、(方丈記)

暗記ポイント!
「き」と「けり」の意味の違いを理解する。

◆カ変動詞・サ変動詞＋「き」

「き」の連体形「し」・已然形「しか」は、カ変・サ変の未然形にも接続する。

来(こ)｛し・しか　カ変未然形
来(き)｛し・しか　カ変連用形
せ｛し・しか　サ変未然形
し　き　サ変連用形

◆未然形「せ」

未然形「せ」は反実仮想の助動詞「まし」(→ p.49)と呼応して、「Aせば、～Bまし」の形で、「(実際はAではないが)もしAなら、Bだろうのに」の意味を表す。

例 世の中にたえて桜のなかりせば春の心

けり

接続　連用形　＋　けり

活用

基本形	未然形	連用形	終止形	連体形	已然形	命令形	活用型
けり	(けら)	○	けり	ける	けれ	○	ラ変型

意味

1 **(伝聞)過去「～た」「～たそうだ」**……知らなかった話・伝説・伝承を、伝聞として表現する。

③　今は昔、竹取の翁といふ者あり**けり**。(竹取物語)

2 **詠嘆「～たなあ」「～たことよ」**……今まで気がつかずにいた事柄に気づいて感動したり、驚いたりする気持ちを表す。和歌の中の「けり」は詠嘆。カギカッコの中で自分の感想や動作についた「けり」も詠嘆が多い。

④　山里は冬ぞさびしさまさり**ける**人目も草もかれぬと思へば(古今集)

⑤　「今見れば、かうこそ燃え**けれ**と、心得つるなり。」(宇治拾遺物語)

はのどけからまし(伊勢物語)
(＝もし世の中にまったく桜がなかったならば、春をめでる人の心はのどかだろうのに。)

◆「き」と「けり」

「き」は話し手や書き手自身が直接体験した過去を、「けり」は伝聞として伝え聞いた過去を表すのに用いる。

現代語訳

①　京都で生まれた女の子が、(土佐の)国で急に死んでしまったので、
②　だいたい、この場所に住み始めたときは、ちょっとの間と思ったけれども、
③　今となっては昔の話だが、竹取の翁という者がいた(そうだ)。
④　山里では冬が寂しさがまさった**なあ**。訪れてくる人もなくなり、草も枯れてしまうと思うと。
※「かれ」は「離(か)れ」と「枯れ」の掛詞。
⑤　「今見ると、こんなふうに燃えるの**だなあ**と、わかったのだ。」

基本問題

16 「き」「けり」の意味

傍線部の意味を答えよ。

(1) 京より下りし時、みな人、子どもなかりき。(土佐日記)

(2) 見渡せば花も紅葉もなかりけり浦(うら)の苫屋(とまや)の秋の夕暮れ(新古今集)

解答➡別冊 p.11

?アドバイス

16 「し」には、サ変動詞、過去の助動詞、副助詞などがある。

応用問題

17 空欄に助動詞「き」を活用させて記せ。(中央大)

(1) うしなひたまへり(　　)母北の方、

(2) いとこそかなしくうけたまはり(　　)。

(3) かの少将は義孝とぞきこえ(　　)。

18 次の傍線部に用いられている助動詞は何か。その助動詞を終止形にして記せ。〈差がつく〉(早稲田大)

黒髪の乱れも知らずうちふせばまづかきやりし人ぞ恋しき

19 次の空欄には助動詞「けり」の活用形が入る。適当な活用形に直しなさい。(神戸大)

(1) 「過におこなへ。」とぞ、下知(げち)せられ(　　)。

(2) 惜しみ(　　)ども、

(3) おして取りて(　　)。

解答➡別冊 p.11

?アドバイス

17 「き」は特殊な活用をするので、注意する。

7 助動詞「つ」「ぬ」

✪テストに出る重要ポイント

つ　**ぬ**

接続

連用形 ＋ つ ……意識的な完了
連用形 ＋ ぬ ……自然的な完了

活用

基本形	未然形	連用形	終止形	連体形	已然形	命令形	活用型
つ	て	て	つ	つる	つれ	てよ	下二段型
ぬ	な	に	ぬ	ぬる	ぬれ	ね	ナ変型

意味

1 完了「〜てしまう」「〜た」「〜てしまった」……単独または、他の完了や過去の助動詞とともに用いられる。

① 秋来**ぬ**と目にはさやかに見えねども風の音にぞ驚かれ**ぬる**（古今集）

② 限りなくかなしと思ひて、河内(かふち)へも行かずなり**に**けり。（伊勢物語）

暗記ポイント！
「つ」と「ぬ」の違いを理解する。他の助動詞とともに用いられる場合の意味を理解する。

✿「つ」と「ぬ」の違い

「つ」は意図的な動作を表す動詞に付き、意識的な完了を表す。「ぬ」は自然な動きや変化を表す動詞に付き、自然的な完了を表す。

現代語訳

① 秋が来**た**と目にははっきり見えないけれども、風の音に自然にはっと気づかされ**た**。

② この上なくいとしいと思って、河内(かわち)へも行かなくなっ**てしまった**。

③「雀（すずめ）の子を犬君（いぬき）が逃がしつる。」（源氏物語）
④親王（みこ）大殿ごもらで、あかし給うてけり。（伊勢物語）

2 強意「きっと〜」「今にも〜」「必ず〜」「〜てしまう」……下に推量の助動詞「む」「べし」がある。

⑤盛りにならば、かたちも限りなくよく、髪もいみじく長くなりなむ、（更級日記）
⑥とまれかうまれ、（こんな日記は）とく破りてむ。（土佐日記）
⑦「潮満ちぬ。風も吹きぬべし。」と騒げば、船に乗りなむとす。（土佐日記）
⑧咲きぬべきほどの梢、散りしをれたる庭などこそ見所多けれ。（徒然草）

◆「つ」「ぬ」の複合形

「つ」「ぬ」は、完了や過去の助動詞、推量の助動詞とともに用いられることが多い。

てき・にき……完了＋過去「〜てしまった」
てけり・にけり…完了＋過去「〜てしまった」
てむ・なむ……強意＋推量「きっと〜だろう」
つべし・ぬべし…強意＋推量「きっと〜だろう」

現代語訳

③「雀の子を犬君が逃がしてしまった。」
④親王はお休みにならないで、夜を明かしなさってしまった。
⑤年ごろになったら、きっと顔立ちもこの上なくよくなり、髪もたいそう長くなるだろう、
⑥ともかくも、（こんな日記は）早く破ってしまおう。
⑦「潮が満ちた。風もきっと吹くだろう。」と騒ぐので、船に乗ってしまおうとする。
⑧今にも咲きそうな頃の（桜の）梢、（すでに）散りしおれている庭などが見所が多い。

基本問題

解答➡別冊 p.12

20「つ」「ぬ」の意味

傍線部の意味を答えよ。

(1) 去年(こぞ)見しに色も変はらず咲きにけり花こそものは思はざりけれ（宇治拾遺物語）
(2) （人のもとに）用ありて行きたりとも、その事果てなば、とく帰るべし。（徒然草）
(3) 「もとの御かたちとなり給ひね。」（竹取物語）
(4) 鬼はや一口に食ひてけり。（伊勢物語）
(5) ひさかたの天の河原の渡守君渡りなばかぢ隠してよ（古今集）
(6) 飛び降るるとも降りなん。（徒然草）
(7) 我は皇子に負けぬべしと、胸うちつぶれて思ひけり。（竹取物語）
(8) 楊貴妃(やうきひ)の例(ためし)も引き出でつべくなりゆくに、（源氏物語）

?アドバイス

20「つ」「ぬ」の下に付いている助動詞に注意して、意味を見分ける。

応用問題

解答➡別冊 p.12

21 次の傍線部「に」を文法的に説明せよ。 〈差がつく〉

かきくらすこころのやみにまどひにき（お茶の水女子大）

?アドバイス

21「にき」の形。

8 助動詞「たり」「り」

★テストに出る重要ポイント

たり 接続 連用形 ＋ たり

り 接続 サ変未然形・四段已然形(命令形)〈e段〉 ＋ り

活用

基本形	未然形	連用形	終止形	連体形	已然形	命令形	活用型
たり	たら	たり	たり	たる	たれ	たれ	ラ変型
り	ら	り	り	る	れ	れ	ラ変型

意味

1 存続「〜ている」「〜てある」……「〜ている」と訳せるときは存続。継続している動作・状態＋「たり」「り」。

① その沢にかきつばたいとおもしろく咲きたり。(伊勢物語)

② 生けらむほどは武にほこるべからず。(徒然草)

2 完了「〜た」……一回で完結する動作・状態＋「たり」「り」。

③ ほととぎすの鳴くを聞きて詠める、(古今集)

暗記ポイント!
「り」の接続を覚える。存続・完了の意味を理解する。

◆「たり」「り」の意味

そもそも「たり」「り」は存続の意味がもと。動作・状態の進行・持続を表す。存続とは、「存在・継続」のこと。そこから派生して完了の意味も生じた。ただし、入試では、存続と完了が区別されないこともある。

現代語訳

① その沢にかきつばたがたいそう美しく咲いている。

② 生きているような間は武に誇るべきではない。

③ ほととぎすが鳴くのを聞いて詠んだ(歌)、

基本問題

22 「たり」「り」の意味

次の助動詞の意味を答えよ。

(1) 草の上に置きたりける露を「かれは何ぞ。」となむ男に問ひける。（伊勢物語）

(2) 露落ちて、花残れり。（方丈記）

(3) 立てる人どもは、装束の清らなること物にも似ず。（竹取物語）

(4) 道知れる人もなくて、惑ひ行きけり。（伊勢物語）

(5) 大きなる辻風起こりて、六条わたりまで吹けること侍りき。（方丈記）

? アドバイス

22 「たり」「り」の付いている動詞が、継続しているのか、一回で完結するのかを確認する。

解答➡別冊 p.13

応用問題

23 次の中に存続・完了の助動詞がいくつあるか、後から選べ。 差がつく （早稲田大）

a 秋の木の葉の浮かべる心地するも、

b 「いづくをさしてか」と思さる。

c 御涙のこぼるるを、

d なにとなくまぎらはし給へる、

e 人々に召さる。

ア 一つ　イ 二つ　ウ 三つ以上　エ なし

? アドバイス

23 存続・完了の「り」は、e段音の後に続く。「る」は、活用語尾の一部の場合に注意。

解答➡別冊 p.13

9 助動詞「ず」

暗記ポイント!
「ず」には三系統の活用があるので、それぞれの活用と用法を理解する。

★テストに出る重要ポイント

ず

接続 未然形 ＋ ず

活用

基本形	未然形	連用形	終止形	連体形	已然形	命令形	活用型
ず	(な)	(に)	○	ぬ	ね	○	特殊型
	(ず)	ず	ず	○	○	○	
	ざら	ざり	○	ざる	ざれ	ざれ	

意味

1 打消「〜ない」……三系列の活用・用法がある。

① 「な」の系列……最も古い用法。四段型活用。係り結びで結びとなるときは、「ぬ」(連体形)「ね」(已然形)となる。

② 「ず」の系列……無変化型活用。下に助動詞を接続させない。

③ 「ざら」の系列……ラ変型活用。「ず＋あり→ざり」と発生した。主として下に助動詞を接続させる(漢文でも使用)。

✤連体形「ざる」の用法

終止形接続の助動詞(「べし」「なり(伝聞推定)」「めり」など)には、終止形「ず」ではなく、ラ変型の連体形「ざる」で接続する。

このとき、「ざる＋めり」→「ざんめり」→「ざめり」と撥音便「ん」の無表記が起こることもある。

基本問題

24「ず」の活用形

次の傍線部の助動詞「ず」の活用形を記せ。

(1) 飽（あ）かなくにまだきも月の隠るるか山の端逃げて入れずもあらなむ（伊勢物語）

(2) 嘆けどもせむすべ知らに（万葉集）

(3) 知らぬ人のなかにうち臥して、つゆまどろまれず。（更級日記）

(4) この家にて生まれし女子の、もろともに帰らねば、いかがは悲しき。（土佐日記）

(5) ゆく河の流れは絶えず[a]して、しかも、もとの水にあらず[b]。（方丈記）

(6) いかでかはうれしからざらむ。（枕草子）

(7) 淵瀬さらに変はらざりけり。（土佐日記）

応用問題

25 傍線部1、2の説明として最も適当なものを後から選べ。〈差がつく〉（早稲田大）

1 都のうちを去らぬことになりぬるなるべし。

2 行末心細しともいひぬべし。

ア 1は完了の助動詞である、2は打消の助動詞である。

イ 1は完了の助動詞であり、2は強意の助動詞である。

ウ 1は打消の助動詞であり、2は完了の助動詞である。

エ 1は打消の助動詞であり、2は強意の助動詞である。

解答➡別冊 p.14

? アドバイス

24「ず」の活用には三系列あるので注意する。

解答➡別冊 p.14

? アドバイス

25「ぬ」には、打消の助動詞「ず」の連体形と、完了（強意）の助動詞「ぬ」の終止形がある。

10 助動詞「る」「らる」

暗記ポイント!
自発・可能・受身・尊敬の四つの意味とその見分け方を理解する。

★テストに出る重要ポイント

る **らる**

接続

四段・ラ変・ナ変の未然形〈a段〉 ＋ る

上一段・上二段の未然形〈i段〉
下一段・下二段の未然形〈e段〉
カ変の未然形〈o段〉
サ変の未然形〈e段〉
} ＋ らる

活用

基本形	未然形	連用形	終止形	連体形	已然形	命令形	活用型
る	れ	れ	る	るる	るれ	れよ	下二段型
らる	られ	られ	らる	らるる	らるれ	られよ	

意味

1 自発「自然に〜れる」「つい〜れる」……心に関係した言葉（思ふ・泣く・驚く・見やる）などにとともに用いられる。

① 住みなれしふるさとかぎりなく思ひ出で<u>らる</u>。（更級日記）

❁ **「れ給ふ」「られ給ふ」**

「れ給ふ」「られ給ふ」の「れ」「られ」は尊敬にならない。必ず自発か可能か受身になる。

例 思（おぼ）しめぐらすこと多くて、まどろま<u>れ</u>給はず。（源氏物語）

② 秋来(き)ぬと目にはさやかに見えねども風の音にぞ驚か**れ**ぬる（古今集）

③ おもしろき夕方に、海見やら**るる**廊に出でたまひて、（源氏物語）

2 可能「〜(ことが)できる」……打消・反語とともに用いられる。

④ 恐ろしくて、寝(い)も寝(ね)**られ**ず。（更級日記）

⑤「涙のこぼるるに、目も見えず、ものも言は**れ**ず。」（伊勢物語）

※鎌倉時代以降は打消・反語がなくても用いられる。

⑥ 家の作りやうは夏を旨(むね)とすべし。冬はいかなる所にも住ま**る**。（徒然草）

3 受身「〜れる」……「〜によって」という言葉が補える。

⑦（中納言は）有明の月に誘は**れ**て、（堤中納言物語）

4 尊敬「(お)〜なさる」「お〜になる」……貴人が主語。「仰せらる」の「らる」は尊敬（「仰せらる」で一語としてもよい）。

⑧ 大納言なりける人、小侍従と聞こえし歌よみに通は**れ**けり。（今物語）

⑨ 徳大寺太政大臣は仰せ**られ**ける。（徒然草）

（＝思いめぐらしなさることが多くて、眠ることができなさらない。）
↓打消の助動詞「ず」があるので「れ」の意味は可能。

現代語訳

① 住み慣れたもとの家がかぎりなく自然に思い出される。

② 秋が来たと目にははっきり見えないけれども、風の音に自然にはっと気づかされた。

③ 趣深い夕方に、自然と海が見わたされる廊下においでになって、

④ 恐ろしくて、眠ることもできない。

⑤「涙がこぼれるので、目も見えず、ものも言うことができない。」

⑥ 家の造り方は夏を中心にするのがよい。冬はどんな所にでも住むことができる。

⑦（中納言は）明け方まで残っている月に誘われて、

⑧ 大納言であった人が、小侍従という名で知られた歌よみにお通いになった。

⑨ 徳大寺の太政大臣がおっしゃった。

基本問題

26 「る」「らる」の意味

傍線部の意味を答えよ。

(1) 人知れずうち泣かれぬ。（更級日記）

(2) ものは少しおぼゆれど、腰なむ動かれぬ。（竹取物語）

(3) ありがたきもの、舅（しうと）にほめらるる婿（むこ）。（枕草子）

(4) 大将いとま申して、福原にこそ帰られけり。（平家物語）

27 「る」「らる」の意味

次の傍線部の意味を後から選べ。 差がつく （立教大・立命館大）

(1) 思ひ出でられければ、

(2) 海見やらるる廊に、

(3) ものも言はれずなりぬ。

(4) これは、（父宮に）知られたてまつらざりけれど、

(5) 仰せられつつぞ、帰らせたまひける。

ア 受身　イ 尊敬　ウ 可能　エ 自発

解答➡別冊 p.15

? アドバイス

26 「る」「らる」は四つの意味の見分け方を覚えておく。

応用問題

28 次の傍線部「られ」を文法的に説明せよ。（神戸大）

思ひつづけられて、

解答➡別冊 p.15

11 助動詞「す」「さす」「しむ」

暗記ポイント！
使役・尊敬の二つの意味とその見分け方を理解する。

✪テストに出る重要ポイント

す　さす　しむ

接続

四段・ラ変・ナ変の未然形（a段）＋す

上一段・上二段の未然形（i段）
下一段・下二段の未然形（e段）
カ変の未然形（o段）
サ変の未然形（e段）
＋さす

未然形　＋しむ

活用

基本形	未然形	連用形	終止形	連体形	已然形	命令形	活用型
す	せ	せ	す	する	すれ	せよ	下二段型
さす	させ	させ	さす	さする	さすれ	させよ	
しむ	しめ	しめ	しむ	しむる	しむれ	しめよ	

意味

1 使役「～せる」「～させる」……「す」「さす」「しむ」が

◆「す」「さす」「しむ」の違い
す・さす…おもに和文や和歌で用いられる。
しむ………おもに男性の文章や、漢文訓読体の文章で用いられる。

尊敬の補助動詞を伴わず単独で使われているとき、使役になる。「～に」「～をして」という使役する対象が想定できる。

① 名を、御室戸斎部（みむろどいんべ）の秋田を呼びてつけさす。（竹取物語）

② 「あなかま、人に聞かすな。いとをかしげなる猫なり。飼はむ。」（更級日記）

2 尊敬「（お）～なさる」「お～になる」……「せ（させ・しめ）給ふ・せ（させ・しめ）おはします」という形で尊敬の補助動詞を伴う。地の文では主語はかなり高貴な人。会話文ではあまり高貴でない人にも用いられる。

③ 上の御前の、柱によりかからせ給ひて、すこしねぶらせ給ふを、（枕草子）

④ 「などかうは泣かせ給ふぞ。この花の散るを惜しうおぼえさせ給ふか。」（宇治拾遺物語）

⑤ 一院第二の王子、ひそかに入寺せしめ給ふ。（平家物語）

※ただし、「せ給ふ・させ給ふ」などの形でも使役する対象がはっきりしている場合は使役となる。

⑥ （蔵人の少将は）**随身**に歌はせ給ふ。（堤中納言物語）

⑦ 夜うちふくる程に、（中宮は）題出だして、**女房にも**、歌よませ給ふ。（枕草子）

現代語訳

① 名前を、御室戸斎部の秋田を呼んでつけさせる。

② 「しっ、静かに、人に聞かせるな。とてもかわいらしい猫である。飼おう。」

③ 帝が、柱に寄りかかりなさって、少し眠りなさるのを、

④ 「どうしてこのようにお泣きになるのか。この花が散るのを惜しくお思いになるのか。」

⑤ 一院の第二皇子が、ひそかに寺にお入りになる。

⑥ （蔵人の少将は）随身に歌わせなさる。

⑦ 夜が少しふけるほどに、（中宮は）題を出して、女房にも、歌を詠ませなさる。

基本問題

解答➡別冊 p.16

29「す」「さす」の意味

傍線部の意味を答えよ。

(1) 妻の嫗(おうな)に預けて養はす。(竹取物語)

(2) 月の人まうで来ば、捕らへさせむ。(竹取物語)

(3) 殿歩かせ給ひて、(紫式部日記)

(4) (殿は)御随身召して遣水(やりみづ)はらはせ給ふ。(紫式部日記)

30「す」の意味

次の文の傍線部「せ」の文法的説明として最も適当なものを後から選べ。(法政大／改)

(院は)笑はせおはしまして、

ア　完了の助動詞　イ　尊敬の助動詞　ウ　使役の助動詞　エ　動詞の一部

?アドバイス

29 使役か尊敬かは、下に敬語の補助動詞が付いているかどうか、使役する対象があるかどうかで見分ける。

応用問題

解答➡別冊 p.16

31 次の文の傍線部「せ」と文法的に同じものを後から一つ選べ。(早稲田大)

御自らさまざまに書かせたまひたる文なり。

ア　仰せらるれど、

イ　きと御覧じおこせて、

ウ　立たせおはしましぬるは、

エ　思ひまゐらせざらむ。

長文問題　竹取物語(かぐや姫の誕生)

解答➡別冊 p.17

◎次の文章を読んで、後の問いに答えよ。

今は昔、竹取の翁といふ者ありけり(1)。野山にまじりて竹を取りつつ①、よろづの事に使ひけり②。名をば、さぬきの造(みやつこ)となむいひける③。その竹の中に、もと光る竹なむ(ア)一筋ありける。あやしがりて、寄りて見るに、筒の中光りたり。それを見れば、三寸ばかりなる人、いとうつくしうA(2)てゐたり。翁言ふやう、「われ朝ごと夕ごとに見る(3)竹の中におはする(4)にて、知りぬ。B子になり給ふべき人なめり。」とて手にうち入れて、家に持ちて来ぬ(5)。妻(め)の嫗(おうな)に預けて養はす。うつくしきこと限りなし。いと幼ければ、籠(a)に入れて養ふ。

竹取の翁、竹を取るに、この子を見つけて後に竹を取るに、節(よ)をへだてて節ごとに黄金ある竹を見つくること重りぬ④。かくて、翁やうやう豊かになりゆく。

この児(ちご)、養ふほどに、すくすくと大きに(6)なりまさる。三月(みつき)ばかりになる程に、よきほどなる人になりぬれば、髪上げなどとかくして髪上げさせ裳(b)着す。帳の内よりも出さず、Cいつき養ふ(7)。この児のかたちのDきよらなること世になく、屋(や)の内は暗き所なく光満ちたり。翁、心地あしく苦しき時も、この子を見れば苦しき事も止みぬ。腹だたしきことも慰みけり。

翁、竹を取ること久しくなりぬ⑥。勢ひ猛(まう)の者になりにけり⑤。この子いと大きになりぬれば、名を、御室戸斎部(みむろどいんべ)の秋田を呼びてつけさす。秋田、なよ竹のかぐや姫とつけつ⑦。このほど三日、Eうちあげ遊ぶ。よろづの遊びをぞしける(イ)。男はうけきらはず呼び集へて、Fいとかしこく遊ぶ。世界の男、G貴(あて)なるも賤(いや)しきも、H「いかでこのかぐや姫を得てしがな、見てしがな。」と、I音(おと)に聞き、めでて惑ふ。

(「竹取物語」)

語注

▼なめり＝断定の助動詞「なり」の連体形「なる」の撥音便「ん」の無表記＋推定の助動詞「めり」。

▼節(よ)＝節と節の間。空洞になっている筒の部分。

▼髪上げ＝十二、十三歳頃になると下げ髪を結い上げ、あまりをうしろに垂らした。成人の儀式。

▼裳＝成人した女性が袴の上に後ろに身につけるスカートのようなもの。

▼帳(ちゃう)＝帳台。寝殿の母屋の中で、貴人が座臥(ざが)する一段高い台。

▼てしがな(終助詞)＝自己の願望「〜たいものだ」の意味。

問一 傍線部a「籠」b「裳」の読みを答えよ。

問二 傍線部①「つつ」を文法的に説明せよ。

問三 傍線部(ア)「なむ」(イ)「ぞ」の係助詞の結びとなる語を文中からそれぞれ一単語で書き抜け。

問四 傍線部(1)「あり」(2)「ゐ」(3)「見る」(4)「おはする」(5)「来」の終止形の形、動詞の活用の種類と活用形名を答えよ。なお、「来」の終止形は平仮名で答えること。

問五 傍線部(6)「大きに」(7)「あしく」の品詞、終止形の形、活用の種類、活用形名を答えよ。

問六 次の問いに答えよ。

(1) 傍線部②「けり」の文法的説明として最も適当なものを次から選べ。また、助動詞「き」の文法的説明として最も適当なものを次から選べ。

ア 伝聞過去　イ 詠嘆　ウ 体験過去

(2) 傍線部③「たり」④「ぬ」⑦「つ」の意味として最も適当なものを次から選べ。

ア 存続　イ 完了　ウ 強意　エ 打消

(3) 傍線部⑤「に」を終止形にして、活用形名、意味を答えよ。

(4) 助動詞⑥「さす」の意味を答えよ。

問七 傍線部A「うつくしう」C「いつき養ふ」D「きよらなる」E「遊ぶ」F「かしこく」G「貴なる」I「音に聞き」の意味を答えよ。

問八 傍線部B「子となり給ふべき人」と翁はどうして思ったのか、説明せよ。 発展

問九 傍線部H「いかでこのかぐや姫を得てしがな、見てしがな」を現代語訳せよ。

? アドバイス

問六 (1)「けり」も「き」も過去の助動詞だが、その違いを考える。

問八 傍線部の直前の部分をよく読む。

12 助動詞「む」「むず」

暗記ポイント!
「む」の意味を見分けられるようにする。
「むず」には打消の意味はないので注意。

★テストに出る重要ポイント

接続
- む　未然形 ＋ む
- むず　未然形 ＋ むず

活用

基本形	未然形	連用形	終止形	連体形	已然形	命令形	活用型
む	(ま)	○	む	む	め	○	四段型
むず	○	○	むず	むずる	むずれ	○	サ変型

意味

1 推量「〜だろう」……三人称が主語であるときは推量が多い。

① 山ほととぎすいつか来鳴かむ(古今集)

② 「まめまめしきものは、まさなかりなむ。」(更級日記)

2 意志「〜しよう」「〜するつもりだ」……一人称が主語であるときは意志が多い。「〜むと思ふ」「〜むとす」の形は意

◆「むず」の成り立ち

「むず」は、「む」＋格助詞「と」＋サ変動詞「す」が音韻変化して「むず」となったもの。なので、打消の意味はない。

◆疑問・反語文中の「む」

「む」が疑問文、反語文の中にあったり、「む」の上に仮定条件があると、可能の意味を添えて「〜できるだろう」「〜できよう」と訳すとよいことがある。

例 王のきびしくなりなば、世の人、いかが堪へむ。(大鏡)　〔いかが：反語の副詞〕
(＝王が厳しくなったら、世の人はどうして耐えることができるだろうか。)

志が多い。

③「こよひは、(私は)ここにさぶらは**む**。」(伊勢物語)

④男は(私は)この女をこそ得**め**と思ふ。(伊勢物語)

3 適当・勧誘「〜のがよい」「〜てはどうか」「〜てくれないか」……適当は、一般的に見て「〜のほうがよい」という意味。勧誘は、二人称が主語であることが多い。会話文(それに準ずるもの)の中に多い。「て**む**や」「な**む**や」「こそ〜**め**」の形になることも多い。

⑤さるべき故ありとも法師は人にうとくてありな**む**。(徒然草)

⑥「忍びては、参り給ひな**む**や。」(源氏物語)

⑦「命長くとこそ思ひ念ぜ**め**。」(源氏物語)

4 婉曲・仮定「〜ような」「〜としたら」……「む＋体言」は「〜のような」という婉曲。この体言は省略されることもある。「む＋助詞(は・に・には・こそ)」は仮定が多い。

⑧「月の出でたら**む**夜は見おこせたまへ。」(竹取物語)

⑨思はむ子を法師になしたら**む**こそ、心苦しけれ。(枕草子)

例 かばかりになりては、飛び降るとも(逆接仮定条件の接続助詞)降りな**む**。(徒然草)

(＝これくらいになっては、飛び降りるとしても、きっと飛び降りる**ことができるだろう**。)

現代語訳

①山のホトトギスはいつになったら来て鳴くの**だろう**。

②「実用的なものは、きっとつまらない(＝よくない)**だろう**。」

③「今晩は、(私は)ここにお仕えし**よう**。」

④男は(私は)この女を手に入れ**よう**と思う。

⑤ふさわしいわけがあるとしても法師は人に疎くて(きっと)ある**のがよい**。

⑥「人目につかないように、(きっと)参内なさっ**てはどうか**。」

⑦「長生きしようと思って我慢し**てはどうか**。」

⑧「月が出ている**ような**夜はこちらをご覧ください。」

⑨愛しいと思う**ような**子供を法師にした**としたら**、気の毒だ。

基本問題

32 「む」の意味

次の助動詞「む」の意味を答えよ。

(1) 「少納言よ、香炉峰の雪はいかならむ。」（枕草子）
(2) 「潮満ちぬ。風も吹きぬべし。」と騒げば、（我々は）船に乗りなむとす。（土佐日記）
(3) 心づきなきことあらむ折は、なかなかその由をも言ひてむ。（徒然草）
(4) 「などかくは急ぎ給ふ。花を見てこそ帰り給はめ。」（源氏物語）
(5) 「恋しからむをりをり、取り出でて見たまへ。」（竹取物語）
(6) 桃尻にて落ちなむは、心憂かるべしと思ひけり。（徒然草）

解答⬇別冊 p.19

？アドバイス

32 「む」には意味がたくさんあるので、主語やあとに続く語に注意して見分ける。

応用問題

33 空欄には助動詞「む」が入る。適切に活用させ、平仮名で記入せよ。

今は子にこそし奉ら（　　）。（学習院大）

34 次の文の「む」と同じ意味で用いられている助動詞はa～cの中のどれか。記号で答えよ。〈差がつく〉

もしまことにしか心得たらむには、言ふかひなきしれものなるを、（早稲田大／改）

a などかしかあへぐこともなからむ。
b 心にかけたらむには、つねにみづからこころむべきわざなるに、
c 人にいみじきことに思はせむとての、つくりごとにこそありけれ。

解答⬇別冊 p.20

？アドバイス

33 係助詞「こそ」に注意。

13 助動詞「らむ」「けむ」

暗記ポイント!
「らむ」と「けむ」の違いを理解する。

★テストに出る重要ポイント

らむ

接続 終止形(ラ変型は連体形)＋らむ

活用

基本形	未然形	連用形	終止形	連体形	已然形	命令形	活用型
らむ	○	○	らむ	らむ	らめ	○	四段型

意味

1 現在推量「(今頃)〜ているだろう」……現在目に見えていないことについて想像する、視界外の推量。

① 風吹けば沖つ白浪たつた山夜半(よは)にや君が一人越ゆ**らむ**　(伊勢物語)

2 原因推量「(どうして)〜ているのだろう」……明らかな事実が目に見えていることについて、その原因を推量。

(1) **原因＋事実＋らむ→原因が明らかな場合。**

② 吹くからに秋の草木のしをるればむべ山風をあらしと

現在推量と原因推量

「現在推量」は、現在目に見えていないことを想像する。「原因推量」は、現在目に見えていることについての原因を想像する。文章によって、原因が明示されている場合(例文②)、原因が不明で疑問語が用いられている場合(例文③)、原因が不明で疑問語がない場合(例文④)がある。

現代語訳

① 風が吹くと沖の白波が立つという竜田山を夜半にあなたが**今頃**一人で越え**ているのだろう**か。

② 吹くや否や秋の草木がしおれるので、なるほど山風を「荒し」(「嵐」)と言うのだろう。

言ふらむ（古今集）

(2) 疑問語＋事実＋らむ→原因が不明な場合。

③ やどりせし花橘（たちばな）も枯れなくになどほととぎす声絶えぬらむ（古今集）

(3) 事実＋らむ→疑問語もない場合。疑問語を補う。

④ ひさかたの光のどけき春の日に静心（しづごころ）なく花の散るらむ（古今集）

3 伝聞・婉曲「～とかいう」「～ような」……伝聞は、人づてに聞いたり、文献などを通じて知ったとき。婉曲は、「らむ＋体言」の形で用いられる。

⑤ あうむいとあはれなり。人の言ふらむことをまねぶらむよ。（枕草子）

けむ

接続 連用形＋けむ

活用

基本形	未然形	連用形	終止形	連体形	已然形	命令形	活用型
けむ	○	○	けむ	けむ	けめ	○	四段型

意味 過去の事実に対して主観的に推量する。

1 過去推量「～ただろう」「～たであろう」……過去のあっ

現代語訳

③ 宿りをした花橘も枯れないことであるのに、どうしてホトトギスの声が絶えてしまうのだろう。

④ 光がのどかな春の日に、（どうして）落ち着いた心もなく、桜の花が散っているのだろう。

⑤ オウムはたいそうしみじみしている。人が言うようなことをまねするとかいうよ。

◆「む」「らむ」「けむ」の違い

む……未来の事柄への推量。一般的な推量。
らむ……現在の事柄への推量。
けむ……過去の事柄への推量。

たかどうか不明な事実を推量。

⑥ 浮舟の女君の、かかる所にやありけむなど、まづ思ひ出でらる。（更級日記）

2 **過去の原因推量「(どうして)～たのだろう」**……明らかな過去の事実があり、その原因を推量。

(1) **原因＋過去の事実＋けむ→「～ので～のだろう」。原因が明らかな場合。**

⑦ あふまでの形見とてこそとどめけめ涙にうかぶもくづなりけり（古今集）

(2) **疑問語＋過去の事実＋けむ→原因が不明な場合。**

⑧ あなうらやまし。などか習はざりけむ。（徒然草）

(3) **過去の事実＋けむ→疑問語もない場合。疑問語を補う。**

⑨ よそにのみ聞かましものを音羽川（おとはがわ）わたるとなしにみなれそめけむ（古今集）

3 **過去の伝聞・過去の婉曲「～たとかいう」「～たような」**

……過去の伝聞は、過去の事実を伝え聞いたとき。過去の婉曲は、過去の事実を遠回しに言う。

⑩ 行平の中納言の『関吹き越ゆる』と言ひけむ浦波。（源氏物語）

現代語訳

⑥ 浮舟の女君は、このような所にすんでいたのだろうかなどと、まず自然と思い出される。

⑦ 会うまでの形見と思って、とどめたのであろう。それも涙にうかぶ藻くず（のようにはかないもの）であったなあ。

⑧ ああうらやましい。どうして習わなかったのだろうか。

⑨ 関係のないこととして噂ばかりを聞けばよかったのになあ。どうして音羽川を渡るというのではなく（女に）なじみはじめたのだろう。

⑩ 行平の中納言が『関吹き越ゆる』と言ったとかいう浦波。

基本問題

35 「らむ」「けむ」の意味

次の傍線部の意味を答えよ。

(1) 袖ひちてむすびし水のこほれるを春たつけふの風やとくらむ（古今集）
(2) 春霞なに隠すらむ桜花散る間をだにも見るべきものを（古今集）
(3) これをもかなしと思ふらむは、親なればぞかし。（枕草子）
(4) 昔物語を聞きても、この頃の人の家の、そこほどにてありけむとおぼえ、（徒然草）
(5) 見渡せば山もとかすむ水無瀬川夕べは秋と何思ひけむ（新古今集）
(6) なほ翁の年こそ聞かまほしけれ。生まれけむ年は知りたりや。（大鏡）

解答➡別冊 p.21

? アドバイス

35 「らむ」には、現在推量、原因推量、伝聞・婉曲の三つの意味がある。「けむ」には、過去推量、過去の原因推量、過去の伝聞・婉曲の三つの意味がある。

応用問題

36

次の文の「らん」の説明について、正しいと思うものには○、誤りと思うものには×で、それぞれ答えよ。

怪しき者かとて、あれなる家に捕へて、（中略）責めつるが、今は責め殺してぞあるらん。（法政大／改）

(1) 直接見た事態について、遠回しにぼかして表現するために用いられている。
(2) 直接経験したことではないが、こうなるだろうと推量するために用いられている。
(3) 直接見ていない事態について、今こうだろうと推量するために用いられている。
(4) 直接見た人の話に基づいて、その聞き伝えであることを示すために用いられている。

解答➡別冊 p.21

? アドバイス

36 目に見えていることか、見えていないことかを考える。

14 助動詞「まし」

★テストに出る重要ポイント

まし

接続　未然形 ＋ まし

活用

基本形	未然形	連用形	終止形	連体形	已然形	命令形	活用型
まし	(ませ) ましか	○	まし	まし	ましか	○	特殊型

意味

1 反実仮想「もしA(としたら)なら、B(であった)だろうのに」……現実の事実に対して、非現実的な状況や実現不可能な状況を想定し、「もし、それが実現していたなら、どのようであるだろう」と想像する気持ちを表す。

① 「さてかばかりの詩を作りたら**ましか**ば、名のあがらむこともまさりな**まし**。」（大鏡）

暗記ポイント！　反実仮想の形と意味を理解する。

反実仮想

「反実仮想」は、現実に反することを仮に想定すること。次のような形をとる。

「Aましかば、Bまし」
「Aませば、Bまし」
「Aせば、Bまし」
（「せ」は過去の助動詞「き」の未然形）
「仮定条件(未然形＋ば)、Bまし」

すべて、「もしA(としたら)なら、B(であった)だろうのに」と訳し、「実際はAでないので、Bではない」という意味を含む。

現代語訳

① 「そうしてもしこれぐらいの漢詩を作った**なら**ば、名声が上がるようなこともきっとまさっていたであろうのに。」

② 世の中に絶えて桜のなかりせば春の心はのどけからまし（古今集）

※呼応の一方が省略される場合もある。その場合は、「よからまし」などが隠れていると考える。

③ この木なからましかば（よからまし）とおぼえしか。（徒然草）

2 ためらいの意志「〜しようか（しら）」……疑問語（疑問の係助詞や「いかに」「なに」など）とともに用いる。

④「走りや出でなまし。」と千度思ひけれど、（大和物語）

⑤「これに何を書かまし。」（枕草子）

3 実現不可能なことへの希望「〜ならばよいのに」「〜であればよかったのに」……実現不可能なことを仮想的に希望（単独で仮定の条件を含んでの仮想）する。

⑥ 白玉か何ぞと人の問ひし時露と答へて消えなましものを（伊勢物語）

現代語訳

② もし世の中に全く桜がなかったならば、春の（人の）心はのどかであろうのに。

③ もしこの木がなかったら（よかっただろうのに）と思われた。

④「走り出てしまおうかしら。」と何度も思ったけれど、

⑤「これに何を書こうかしら。」

⑥「真珠か。何か。」とあの人が尋ねたとき、「（あれは）露だ。」と答えて、（私も露のように）消えてしまえばよかったのに。

基本問題

解答➡別冊 p.22

37 「まし」の意味

次の傍線部の意味を答えよ。

(1) いつはりのなき世なりせばいかばかり君の言の葉うれしからまし（古今集）

(2) 今はこの渚に身をや捨てなまし。（源氏物語）

(3) 見る人もなき山里の桜花ほかの散りなむ後ぞ咲かまし（古今集）

？アドバイス

37 「まし」の意味は三つ。疑問語の有無などを手がかりに見分ける。

応用問題

解答➡別冊 p.22

38 空欄に最も適当な平仮名二字を記せ。

かくと知らましかば、参らざら（　　）。（早稲田大）

39 空欄にはどんな言葉を補ったらよいか、平仮名三字で記せ。

例の御ありさまにてかく見なしたてまつら（　　　）ば、いかにうれしからまし。（立教大）

40 空欄には「す」が入るが、文脈にあった正しい活用形を後から選べ。（関西学院大）

いかに（　　　）まし。

ア さ　イ し　ウ す　エ する　オ すれ　カ せ

？アドバイス

38 反実仮想の形。

15 助動詞「べし」

✪テストに出る重要ポイント

べし

接続 終止形（ラ変型は連体形）＋べし

活用

基本形	未然形	連用形	終止形	連体形	已然形	命令形	活用型
べし	（べく）	べく	べし	べき	べけれ	○	形容詞ク活用型
	べから	べかり	○	べかる	○	○	

意味

1 推量「〜だろう」「〜そうだ」「〜に違いない」……三人称が主語であるときは推量が多い。

① 万代（よろづよ）に年は来経（きふ）とも梅の花絶ゆることなく咲き渡るべし（万葉集）

2 意志「〜するつもりだ」「〜しよう」「〜たい」……一人称が主語であるときは意志が多い。

② 毎度ただ得失なく、この一矢に定むべしと思へ。（徒然草）

暗記ポイント！
「べし」の六つの意味を見分けられるようにする。

◆「べし」の意味の見分け方

「べし」は、「当然」の意味が基本。主語の人称や用いられ方によって見分ける。

- 主語が一人称……意志
- 主語が二人称……適当／命令
- 主語が三人称……推量

打消や反語を伴う場合は、「可能」であることが多い。

3 **当然「～べきだ」「～はずだ」「～ねばならない」**……道理として当然だ、そうなるはずだという意味が本来の意味。

③ 人の歌の返しとくすべきを、え詠み得ぬほども、心もとなし。（枕草子）

④ 死を憎まば生を愛すべし。（徒然草）

4 **可能「～(ことが)できる」「～(ことが)できそうだ」**……打消、反語を伴っているときは可能が多い。

⑤ 道のほどのをかしう、あはれなること、言ひ尽すべうもあらず。（更級日記）

⑥ 蚊のまつげの落つるをも聞きつけたまひつべうこそありしか。（枕草子）

5 **命令「～せよ」**……会話文で、目の前の他者に向かって、「～せよ」と強く言う。上下関係が強いときは命令が多い。

⑦ 「頼朝(よりとも)が首をはねて、わが墓の前に懸くべし。」（死ぬ間際の清盛(きよもり)の遺言）（平家物語）

6 **適当「～のがよい」「～のにふさわしい」**……やわらかく、他人に対して勧めるときは適当が多い。地の文で穏やかな意味で使われることも多い。

⑧ 家の作りやうは夏を旨(むね)とすべし。（徒然草）

❖予定

「当然」のうちの一部を、「予定」（＝～することになっている）とすることもある。

例 船に乗るべき所にわたる。（土佐日記）
（＝船に乗ることになっている所に移る。）

現代語訳

① 永遠に年は経過していくとしても、梅の花は絶えることなく咲き続けるだろう。

② 毎回ただあたりはずれを考えず、この一本の矢で決着をつけようと思え。

③ 人の歌への返歌は早くするべきだが、詠むことができない間も、じれったい。

④ 死を憎むならば生を愛するべきだ。

⑤ 道中の趣深く、情趣があることは、言い尽くすことができそうにもない。

⑥ 蚊のまつげの落ちるのまでもきっと聞きつけなさることができそうであった。

⑦ 「頼朝の首をはねて、私の墓の前にかけよ。」

⑧ 家の造り方は夏を中心にするのがよい。

基本問題

41 「べし」の意味

次の助動詞「べし」の意味を答えよ。

(1) 「風も吹きぬべし。」（土佐日記）
(2) 咲きぬべきほどの梢、散りしをれたる庭などこそ、見所多けれ。（徒然草）
(3) 「宮仕へに出したてば(我は)死ぬべし。」と(かぐや姫は)申す。（竹取物語）
(4) 子となり給ふべき人なめり。（竹取物語）
(5) その山、見るに、さらに登るべきやうなし。（竹取物語）
(6) 「作文のにぞ乗るべかりける。」（大鏡）

解答➡別冊 p.23

アドバイス

41 主語の人称や用いられ方に注意して意味を見分ける。

応用問題

42 次の傍線部a・bと同じ用法を後から選べ。 差がつく

a たづねさすべき方もなし。
b 日も暮れぬべし。

（学習院大）

ア あないみじ、犬を二人して打ち給ふ。死ぬべし。
イ 毎度ただ得失なく、この一矢に定むべしと思へ。
ウ 道のほどをかしう、あはれなること、言い尽くすべくもあらず。
エ 頼朝が首をはねて、わが墓の前に懸くべし。
オ 憂へ給ふことなかれ、必ず救ひ参らすべし。

解答➡別冊 p.23

アドバイス

42 「べし」の六つの意味を見分ける。

16 助動詞「じ」「まじ」

★テストに出る重要ポイント

じ

接続 未然形 ＋ じ

活用

基本形	未然形	連用形	終止形	連体形	已然形	命令形	活用型
じ	○	○	じ	じ	じ	○	無変化型

意味 ※助動詞「じ」は、「む」の否定にあたる意味を持つ。

1 打消推量「〜ないだろう」……三人称が主語であるときは打消推量が多い。

① 法師ばかりうらやましからぬものはあらじ。（徒然草）

2 打消意志「〜まい」「〜ないつもりだ」……一人称が主語であるときは打消意志が多い。

② 京にはあらじ、東（あづま）の方に住むべき国求めにとて行きけり。（伊勢物語）

暗記ポイント！
「じ」「まじ」の意味を理解する。「む」「べし」との関係を理解する。

◆「む」「べし」「じ」「まじ」の関係

「べし」が「む」の強めた意味であったのと同様、「まじ」は「じ」の強めた意味を持つ。「じ」「まじ」はそれぞれ「む」「べし」の否定にあたる意味を持つ。

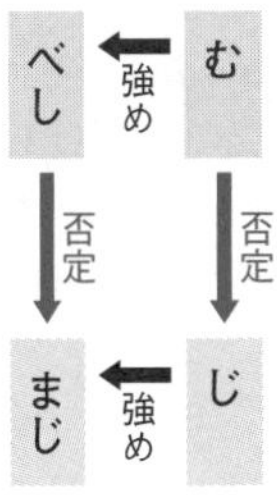

現代語訳

① 法師ほどうらやましくないものはないだろう。

② 京の都には住むまい、東国のほうに住むのにふさわしい国を探しにと思って行った。

まじ

接続 終止形（ラ変型は連体形）＋まじ

活用

基本形	未然形	連用形	終止形	連体形	已然形	命令形	活用型
まじ	（まじく） まじから	まじく まじかり	まじ ○	まじき まじかる	まじけれ ○	○ ○	形容詞 シク活用型

意味 ※助動詞「まじ」は、「べし」の否定にあたる意味を持つ。

1 打消推量「〜ないだろう」「〜そうもない」……三人称が主語であるときは打消推量が多い。

③ 冬枯れのけしきこそ、秋にはをさをさ劣るまじけれ。（徒然草）

2 打消意志「〜まい」「〜ないつもりだ」……一人称が主語であるときは打消意志が多い。

④「わが身は女（をうな）なりとも、敵（かたき）の手にはかかるまじ。」（平家物語）

3 打消当然「〜べきでない」「〜はずがない」……道理として当然すべきでない、あるはずがないという意味が本来の意味。

⑤ かかる折にもあるまじき恥もこそと心遣ひして、（源氏物語）

現代語訳

③ 冬枯れの景色は、秋にはほとんど劣らないだろう。

④「我が身は女であっても、敵の手にはかかるまい。」

⑤ このようなときにもあるべきでない不面目な事態（死の穢（けが）れで宮中を汚すこと）になっては困ると心遣いして、

4 **不可能「～(ことが)できない」「～(ことが)できそうにない」**

⑥ この女見では世にある**まじき**心地のしければ、(竹取物語)

5 **禁止「～するな」**……会話文で、目の前の他者に向かって、「～するな」と強く言う。上下関係が強いときは禁止が多い。

⑦「人にも漏らさせ給ふ**まじ**。」(源氏物語)

6 **不適当「～ないのがよい」「～のはふさわしくない」**……やわらかく、他人にしないことを勧める。地の文で穏やかな意味で使われることも多い。

⑧ さる**まじき**人のもとに、あまりかしこまりたるも、げにわろきことなり。(枕草子)

現代語訳

⑥ この女と結婚しないでは生きていることができそうにない気持ちがしたので、

⑦「人にも漏らしなさるな。」

⑧ そのようにするのがふさわしくない人の所に、あまりかしこまっている(手紙を書く)のも、なるほどよくない事である。

基本問題

解答➡別冊 *p.24*

43「じ」の意味

次の助動詞「じ」の意味を記せ。

(1) 山の端なくは月も入らじを(伊勢物語)

(2) 後徳大寺(ごとくだいじ)の大臣(おとど)の、寝殿に鳶(とび)居させじとて縄を張られたりけるを、(徒然草)

? アドバイス

43「じ」「まじ」も、「む」「べし」と同様、主語の人称や用いられ方に注意して意味を見分ける。

44 「まじ」の意味

次の傍線部の「まじ」の意味を記せ。

(1) 雀(すずめ)などのやうにつねにある鳥ならば、さもおぼゆまじ。(枕草子)

(2) 「ただ今は見るまじ。」とて入りぬ。(枕草子)

応用問題

45 傍線部の文法的意味として最も適当なものを、次の中から一つ選べ。(法政大)

「誰と聞かざらむほどは、ゆるさじ。」とて、馴れ馴れしく臥し給ふほどに、

ア 過去　イ 断定　ウ 尊敬　エ 打消　オ 反実仮想
カ 存続　キ 受身　ク 推定　ケ 願望　コ 打消意志

46 次の文を現代語訳せよ。(東京大／改)

参り物もあらじ。

47 次の傍線部の意味として最も適当なものを選べ。(学習院大／改)

下にものを言はせまじとするなり。

ア 推量　イ 完了　ウ 断定　エ 推定　オ 可能
カ 使役　キ 当然　ク 比況　ケ 打消　コ 打消意志

48 次の傍線部の意味と活用形名を記せ。(東京学芸大)

(大納言の上洛が)心もとなしとて、(帝は大納言に)度々御使ひ遣はす。今は程あるまじき由、公私へ請文(うけぶみ)(=承諾書)のありしにぞ、誰も誰も安堵したるやうに侍りし。

? アドバイス

46 「参り物」とは「召し上がる物」の意味。

48 「まじ」の活用は形容詞(シク活用)型。

解答➡別冊 p.24

長文問題 伊勢物語(東（あずま）下り)

解答➡別冊 p.25

◎ 次の文章を読んで、後の問いに答えよ。

昔、男ありけり。その男、身を要なきものに思ひなして、京にはあら①じ、東（あづま）の方に住む②べき国求めにとて行きけり。もとより友とする人、一人二人して行きけり。道知れ③る人もなくて、惑ひ行きけり。三河の国、八橋といふ所に至り④ぬ。そこを八橋といひけるは、水行く河の蜘蛛（くも）手（で）なれば、橋を八つ渡せるによりてなむ、八橋といひける。その沢のほとりの木の陰におり(1)ゐて、a乾飯食ひけり。その沢にかきつばたいとおもしろく咲きたり。それを見て、ある人のいはく、「かきつばたといふ五文字を句の上に(2)すゑて、旅の心を詠め。」と言ひければ、詠め⑤る。

から衣きつつなれに⑥しつま⑦しあればはるばるきぬるたびを⑧しぞ思ふ

と詠めりければ、みな人、乾飯の上に涙落としてほとびにけり。

行き行きて、駿河（するが）の国に至りぬ。宇津の山に至りて、わが入ら⑨むとする道は、いとう暗きに、蔦（つた）・楓（かへで）は茂り、もの心細く、すずろなる目を見ることと思ふに、修行者会ひたり。「かかる道は、いかでかいまする。」と言ふを見れば、見(3)し人なりけり。京に、その人の御もとにとて、文書きつく。

駿河なる宇津の山辺のうつつにも夢にも人に会は⑩ぬなり⑪けり

富士の山を見れば、b五月のつごもりに、雪いと白う降れり。

時知らぬ山は富士の嶺（ね）いつとてか鹿の子まだらに雪の降る⑫らむ

その山は、ここにたとへば、比叡（ひえ）の山を二十ばかり重ね上げたら⑬むほどして、なりは塩尻のやうになむありける。

(「伊勢物語」第九段)

語注

▼**蜘蛛手**＝蜘蛛の足のように八方に水が分かれて流れているさま。

▼**修行者**＝仏道修行のために諸国を巡り歩く僧。

▼**いまする**＝尊敬語「います」の連体形。いらっしゃる。

▼**駿河なる宇津の山辺の**＝「宇津」の同音から「うつつ」を導く序詞。「駿河なる」は「駿河にある」の意味で、「なる」は存在の助動詞。「〜にある」という意味。

▼**鹿の子まだら**＝鹿の斑点。

▼**塩尻**＝塩田で、砂を円錐状に積み上げたもの。これに海水をかけて蒸発させた。

問一 傍線部a「乾飯」b「五月」(旧暦)の読みを、現代仮名遣いで答えよ。

問二 傍線部(1)「ゐ」を漢字に直せ。また、傍線部(2)「すゑ」(3)「見」の動詞の活用の種類と活用形名を答えよ。

問三 次の問いに答えよ。

(1) 傍線部③「る」⑤「る」をそれぞれ文法的に説明せよ。

(2) 傍線部④「ぬ」⑩「ぬ」をそれぞれ文法的に説明せよ。

(3) 傍線部⑥「し」⑦「し」⑧「し」を文法的に説明したものとして最も適当なものを選べ。(同じものを選んでもよい。)

ア サ変動詞の連用形
イ サ行四段活用動詞連用形の活用語尾
ウ 過去の助動詞「き」の連体形
エ 強意の副助詞
オ 名詞「死」
カ ナ変動詞「死ぬ」の語幹

(4) 傍線部⑪「けり」を文法的に説明せよ。

(5) 傍線部①「じ」の意味として最も適当なものを次から選べ。

ア 打消推量 イ 打消意志

(6) 傍線部②「べき」の意味として最も適当なものを次から選べ。

ア 推量 イ 意志 ウ 当然 エ 予定
オ 可能 カ 適当 キ 命令

(7) 傍線部⑨「む」⑬「む」の文法的意味をそれぞれ、次から選べ。

ア 推量 イ 意志 ウ 適当 エ 勧誘
オ 婉曲 カ 仮定

(8) 傍線部⑫「らむ」の意味として最も適当なものを次から選べ。

ア 現在推量 イ 原因推量 ウ 伝聞・婉曲
エ 過去推量 オ 過去の原因推量
カ 過去の伝聞・婉曲

? アドバイス

問三 (3)「し」の識別問題。助動詞でないものに注意。

17 助動詞「なり（伝聞推定）」「めり」「らし」

✪テストに出る重要ポイント

なり（伝聞推定）

接続　終止形（ラ変型は連体形）＋なり

活用

基本形	未然形	連用形	終止形	連体形	已然形	命令形	活用型
なり	○	なり	なり	なる	なれ	○	ラ変型

意味　※「音（ね）＋あり」→「なり」。音声による聴覚的推定。

1 推定「～らしい」「～ようだ」……ものが見えなくても音や声が聞こえる。それを頼りに動作や物事を聴覚的に推定する。

①　夕されば野辺の秋風身にしみて鶉（うづら）鳴く<u>なり</u>深草の里（無名抄）

2 伝聞「～そうだ」「～とかいう」……事態を噂によって伝聞。音や声は聞こえず、他人が媒介している。「言ふ」「聞く」がある。

暗記ポイント！
「なり（伝聞推定）」「めり」「らし」の違いを理解する。

撥音便（はつおんびん）
ラ変型活用の語（ラ変動詞、ラ変型の助動詞、形容詞、形容動詞、形容詞型の助動詞、形容動詞型の助動詞、打消の助動詞「ず」）が「なり（伝聞推定）」や「めり」に接続する場合、表記が次のように変わることがある。「ん」が表記されない場合も、「あンなり」などと「ン」を補って発音する。

- ある＋なり→あんなり→あなり
- ある＋めり→あんめり→あめり
- 多かる＋なり→多かんなり→多かなり
- 多かる＋めり→多かんめり→多かめり
- ざる＋なり→ざんなり→ざなり
- ざる＋めり→ざんめり→ざめり

② 男もす**なる**日記といふものを、女もしてみむとて、する**なり**。（土佐日記）

③ また聞けば、侍従の大納言の御女なくなり給ひぬ**なり**。（更級日記）

めり

接続　終止形（ラ変型は連体形）＋めり

活用

基本形	未然形	連用形	終止形	連体形	已然形	命令形	活用型
めり	○	めり	めり	める	めれ	○	ラ変型

意味　※「見＋あり」→「めり」。視界内の事実による視覚的推定。

1 推定「〜ようだ」「〜ように見える」……事実を目で見て視覚的に推定する。

④ （尼君は）すだれ少し上げて、（仏に）花奉る**めり**。（源氏物語）

2 婉曲「〜ようだ」「〜ように思われる」……主観的判断を断定的に言うのを避ける。

⑤ 「もののあはれは秋こそまされ。」と人ごとに言ふ**めれ**ど、（徒然草）

◆「らし」「めり」「なり」の違い

「らし」「めり」「なり」はいずれも推定を表す助動詞だが、次のような違いがある。

- **らし**……確かな根拠に基づく推定。
- **めり**……目で見た事実による視覚的推定。
- **なり**……耳で聞いた事実による聴覚的推定。

※「めり」を「推量」とすることもある。

現代語訳

① 夕方になると野辺の秋風が身にしみて鶉（うずら）が鳴く**らしい**。深草の里に。

② 男もする**とかいう**日記というものを、女（の私）もしてみようと思って、するのである。

③ また聞くところによると、侍従の大納言のお嬢さんが亡くなりなさった**そうだ**。

④ （尼君は）すだれを少し上げて、（仏に）花をさしあげる**ようだ**。

⑤ 「しみじみとした情趣は秋がまさる。」と誰もが言う**ようである**けれども、

らし

接続　終止形(ラ変型は連用形)＋らし

活用

基本形	未然形	連用形	終止形	連体形	已然形	命令形	活用型
らし	○	○	らし	らし	らし	○	無変化型

意味

1 推定「〜らしい」……「らし」は確信のある推定。確かな根拠がある。和歌に多く用いられる。

⑥ 春過ぎて夏来(きた)る**らし**白妙(しろたへ)の衣ほしたり天(あめ)の香具山　(万葉集)

現代語訳
⑥ 春が過ぎて、夏がやって来たらしい。真っ白な衣が干してあるよ。天の香具山に。

基本問題

49「なり」の意味

傍線部の助動詞「なり」の意味を答えよ。

(1) 秋の野に人まつ虫の声すなり我かと行きていざ訪(とぶら)はむ(古今集)

(2) 呼びわづらひて、笛をいとをかしく吹きすまして過ぎぬなり。(更級日記)

(3) 「駿河(するが)の国にあるなる山なんこの都も近く、天も近く侍る。」と奏す。(竹取物語)

(4) 「みやつこまろが家は山もと近かなり。」(竹取物語)

解答➡別冊 p.27

? アドバイス
49「なり」の意味は、伝聞と推定。どちらかは、他人から聞いたかどうかで判断する。

50 「めり」の意味

傍線部の助動詞「めり」の意味を答えよ。

(1) あはれに言ひ語らひて泣くめれど、涙落つとも見えず。（大鏡）

(2) いでや、この世に生まれては、願はしかるべき事こそ多かめれ。（徒然草）

応用問題

51 次の中から、伝聞推定の助動詞を選べ。（早稲田大）

ア 籠手（こて）とかやいふなる物をさしたる、白金の金物、

イ 清水なる宿に渡りぬ。

ウ 卯月二十日余りになりぬ。

エ 高やかなるに、

オ 明けはなるるけしきなれば、

52 次の文の傍線部の説明として最も適当なものを後から選べ。 差がつく（青山学院大）

「化け物あなり。」とて、人々騒ぎ恐れたまへる。

ア ラ変動詞「あり」の語幹＋断定の助動詞

イ ラ変動詞「あり」の語幹＋伝聞推定の助動詞

ウ 四段動詞「生る」の語幹＋断定の助動詞

エ 四段動詞「生る」の語幹＋伝聞推定の助動詞

オ 「心配だ」の意の形容動詞一語

解答⬇別冊 p.27

? アドバイス

50 「めり」の意味は、推定と婉曲。

? アドバイス

51 「なる」の識別の問題。「なる」には、伝聞推定の助動詞のほかに、動詞、断定の助動詞、形容動詞の活用語尾などがある。

52 撥音便の無表記に注意する。

18 助動詞「なり(断定)」「たり」

★テストに出る重要ポイント

なり(断定)

接続 体言・連体形・一部の助詞・副詞 ＋ なり

活用

基本形	未然形	連用形	終止形	連体形	已然形	命令形	活用型
なり	なら	なり に	なり	なる	なれ	なれ	形容動詞ナリ活用型

意味 ※「に＋あり」→断定「なり」

1 断定「〜である」

① 京には見えぬ鳥なれば、みな人見知らず。（伊勢物語）

② おのが身はこの国の人にもあらず、月の都の人なり。（竹取物語）

③ この川、飛鳥(あすか)川にあらねば、淵瀬さらに変はらざりけり。（土佐日記）

④ 徳のいたれりけるにや。（徒然草）

暗記ポイント！
「なり(断定)」の連用形「に」、「たり」の連用形「と」を他の語と見分ける。

◆「なり(断定)」の連用形「に」

断定の「なり」の連用形「に」は、ほかの語とまぎらわしいので注意する。

(1)「に」＋補助動詞「あり」（例文②③）（「あり」は、「侍り」「候ふ」や「おはす」「おはします」になることもある）

(2) 体言・連体形・一部の助詞・副詞＋「にや」「にか」＋（「あらむ」）（例文④）

(3) 体言・連体形・一部の助詞・副詞＋「にこそ」＋（「あれ」「あらめ」）

2 存在（所在）「〜にある・〜にいる」……「場所＋なる」で、存在や所在を表す。

⑤ 天の原ふりさけ見れば春日（かすが）なる三笠の山にいでし月かも （古今集）

たり

接続 体言＋たり

活用

基本形	未然形	連用形	終止形	連体形	已然形	命令形	活用型
たり	たら	たり と	たり	たる	たれ	たれ	形容動詞 タリ活用型

※平安時代は漢文訓読文に用いられ、中世以降は軍記物や説話に多く用いられた。

意味 ※「と＋あり」→断定「たり」

1 断定「〜である」

⑥ 清盛（きよもり）、嫡男（ちゃくなん）たるによって、そのあとをつぐ。 （平家物語）

⑦ 重盛（しげもり）、長子として、しきりにいさめをいたすといへども、 （平家物語）

◆**「たり」の連用形「と」**

断定の「たり」の連用形「と」は、「と」＋補助動詞「あり」、「と」＋接続助詞「して」で資格・状態・身分を表す。（例文⑦）

現代語訳

① 京の都では見えない鳥であるので、（一行の）人々はだれも見知っていない。

② 私の身はこの国の人でもない、月の都の人である。

③ この川は、飛鳥川でないので、淵と瀬が全く変わらなかったなあ。

④ 人徳が高かったのであろうか。

⑤ 大空をふりあおいで見ると、（今まさに上ってくる月は、故郷の）春日にある三笠の山に出ていた月（と同じ月）だなあ。

⑥ 清盛は、嫡男であるのによって、その（亡き父の）あとを継ぐ。

⑦ 重盛は、長男として、しきりにいさめるけれども、

基本問題

解答➡別冊 p.28

53 「なり」「たり」の意味

次の傍線部「なり」「たり」の意味を答えよ。

(1) 継母なりし人は、宮仕へせしが下りしなれば、（更級日記）

(2) この大臣の御末かくなり。（大鏡）

(3) 忠盛（ただもり）、備前（びぜん）の守（かみ）たりし時、（平家物語）

アドバイス

53 (2)の「かく」は副詞。断定の「なり」は副詞にも接続する。

応用問題

解答➡別冊 p.28

54 次の中で断定の助動詞をすべて選べ。（早稲田大／改）

a 御有様なるを、　b 中将ばかりなる人、

c 哀れなるほどの御有様にて、　d うとましげなるを、

e なよよかなる狩衣に、

55 次の傍線部の文法上の意味として最も適当なものを後から選べ。 差がつく （法政大）

殿には隠し聞こゆべきことにもあらねば、

ア 完了の助動詞　イ 尊敬の助動詞　ウ 使役の助動詞　エ 格助詞

オ 断定の助動詞　カ 動詞の活用語尾

56 次の傍線部の助動詞の意味を答えよ。（学習院大／改）

いかばかりの心をおこされにけるにか。

アドバイス

54 「なる」の識別の問題。「なる」には、断定の助動詞のほかに、動詞、伝聞推定の助動詞、形容動詞の活用語尾などがある。

55 「に」＋「あり」の形。

56 「にか」の形。

19 助動詞「まほし」「たし」

暗記ポイント! 希望(願望)の用法を理解する。

★テストに出る重要ポイント

まほし **たし**

接続

未然形 + まほし

連用形 + たし

活用

基本形	未然形	連用形	終止形	連体形	已然形	命令形	活用型
まほし	(まほしく) まほしから	まほしく まほしかり	まほし ○	まほしき まほしかる	まほしけれ ○	○ ○	形容詞 シク活用型
たし	(たく) たから	たく たかり	たし ○	たき たかる	たけれ ○	○ ○	形容詞 ク活用型

意味

1 希望(願望)「〜たい」「〜てほしい」

① おのが行かまほしき所へ往(い)ぬ。(竹取物語)

② 少しのことにも先達(せんだつ)はあらまほしきことなり。(徒然草)

③ 敵(かたき)にあうてこそ死にたけれ。悪所に落ちては死にたか

現代語訳

① 自分が行きたい所へ去る。

② 少しのことにも案内者はいてほしいものである。

③ 敵と戦って死にたい。足場の悪い所に落ちて

らず。（平家物語）

④ 家にありたき木は、松、桜。（徒然草）

死にたくない。

④ 家にあってほしい木は、松、桜。

基本問題

解答➡別冊 *p.29*

57 「まほし」「たし」の意味

次の傍線部の意味を答えよ。

(1) ものうち言ひたるも、聞きにくからず、愛敬ありて、言葉多からぬこそ、飽かず向かはまほしけれ。（徒然草）

(2) 紫のゆかりを見て、続きの見まほしくおぼゆれど、人語らひもえせず。（更級日記）

(3) 常に聞きたきは、琵琶（びは）、和琴（わごん）。（徒然草）

アドバイス

57 「まほし」「たし」の意味は一つ。

応用問題

解答➡別冊 *p.29*

58 「まほし」と同じ意味を表す語を選べ。（明治大）

ア　たし　イ　べし　ウ　まじ　エ　らし　オ　ごとし

20 助動詞「ごとし」

暗記ポイント！
比況・例示の用法を理解する。

★テストに出る重要ポイント

ごとし

接続 体言・連体形・助詞「が・の」＋ごとし

活用

基本形	未然形	連用形	終止形	連体形	已然形	命令形	活用型
ごとし	(ごとく)	ごとく	ごとし	ごとき	○	○	形容詞ク活用型

意味

1 比況「〜のようだ」「〜のとおりだ」「〜と同じだ」……ある事物や状態が他の物事と同じだ、似ているということを表す。

① おごれる人も久しからず、ただ春の夜(よ)の夢のごとし。（平家物語）

2 例示「〜のようだ」「〜など」……ある事柄を示して、他にも同類がある意味を表す。

現代語訳

① おごっている人も久しくない、ただ春の夜の夢のようだ。

② 和歌・管絃(くわんげん)・往生要集(わうじやうえうしふ)のごとき抄物(せうもつ)を入れたり。（方丈記）

② 和歌・管弦・往生要集(おうじょうようしゅう)のような書き写したものを入れてある。

基本問題

解答➡別冊 p.29

59 「ごとし」の意味

次の傍線部の意味を答えよ。

(1) 世の中にある人とすみかと、またかくのごとし。（方丈記）

(2) 塵灰(ちりはひ)立ち上りて、盛りなる煙のごとし。（方丈記）

(3) 楊貴妃(やうきひ)ごときは、あまりときめきすぎて、悲しきことあり。（大鏡）

? アドバイス

59 「ごとし」の意味は、比況と例示。

応用問題

解答➡別冊 p.29

60 次の傍線部の意味として最も適当なものを選べ。（学習院大）

しかるに人を右のごとく使ひつけたる時、

ア 推量　イ 完了　ウ 断定　エ 推定　オ 可能

カ 使役　キ 当然　ク 比況　ケ 打消　コ 打消意志

サ 動詞　シ 形容詞　ス 助詞　セ 動詞の活用語尾

ソ 形容動詞の活用語尾

長文問題 土佐日記(門出)

解答➡別冊 p.30

◎ 次の文章を読んで、後の問いに答えよ。

男もす①なる日記といふものを、女もしてみむとて、する②なり。それの年の、a十二月の、二十日あまり一日の日の、b戌の時に門出す。その由、Aいささかに、物に書きつく。

ある人、c県の四年五年果てて、例の事どもみなし終へて、d解由など取りて、住むe館より出でて、船に乗る③べき所へわたる。かれこれ、知る知ら④ぬ、送りす。年ごろ、よくB比べつる人々なむ、別れがたく思ひて、日しきりに、とかくしつつCののしるうちに、夜ふけ⑤ぬ。

二十二日に、f和泉の国までと、平らかに願立つ。藤原のときざね、船路なれどD馬のはなむけす。E上中下、酔ひあきて、いとあやしく、F塩海のほとりにてあざれ合へり。

(土佐日記)

語注

▼県＝国司など地方官の任国。
▼例の事ども＝決まりになっている事務引き継ぎ。
▼解由＝解由状。新任者が前任者の任務完了を証明する公文書。
▼馬のはなむけ＝乗った馬の鼻を行き先に向けて旅の平安を祈った。
▼あざれ＝「鯘る＝腐る」と「戯る＝ふざける」の二つの意味を持たせている。

問一 傍線部a「十二月」(旧暦) b「戌」c「県」d「解由」e「館」f「和泉」の読みを、現代仮名遣いで答えよ。

問二 傍線部①「なる」②「なり」③「べき」④「ぬ」⑤「ぬ」を文法的に説明せよ。

問三 傍線部A「いささかに」B「比べ」C「ののしる」D「馬のはなむけ」E「上中下」の意味を答えよ。(終止形で答える。)

問四 傍線部F「塩海のほとりにてあざれ合へり」を「あざる」の二つの意味に注意して現代語訳せよ。 発展

アドバイス

問三 E「上中下」は「かみなかしも」と読む。

問四 「あざる」に「腐る」と「ふざける」の意味を持たせている。「塩の海なので腐るはずもないのに」としゃれている。

21 係助詞

テストに出る重要ポイント

- **係り結びの法則**……文中に強意の係助詞「**ぞ**」「**なむ**」、疑問・反語の係助詞「**や**」「**か**」があると、文末の活用語は**連体形**で結ぶ。文中に強意の係助詞「**こそ**」があると、文末の活用語は、**已然形**で結ぶ。「ぞ・なむ・や・か・こそ」の係助詞を**係り**と呼び、これを受ける活用語を**結び**と呼ぶ。

花咲きけり。→ 花ぞ咲きける。
→ 花や咲きける。
→ 花こそ咲きけれ。

係助詞	文末	意味
や か	連体形	疑問（～か） 反語（～か、いや）
ぞ なむ	連体形	強意（強調） （訳さなくてよい）
こそ	已然形	

※「やは」「かは」となった場合は主に**反語**を表す。文末は**連体形**で結ばれる。

暗記ポイント！

係り結びの法則を理解する。「もぞ」「もこそ」や「こそ＋已然形、」といった特殊な用法に注意する。

係助詞の文末での用法

文末で疑問・反語の「や・か・やは・かは」が用いられるのは、係助詞の終助詞的用法。

係助詞の「ぞ」も、文末で終助詞のような働きをすることがある。

文末で「は」「も」が詠嘆で用いられる場合は終助詞。文中の「は」「も」は係助詞。

係り結びの特殊な用法

(1) 危惧の用法

「もぞ～連体形」「もこそ～已然形」の形で、「～すると困る」「～すると大変だ」の意味を表す。

① 門(かど)よくさしてよ。雨もぞ降る。(徒然草)
(門をしっかり閉めてしまえ。雨が降ると困る。)

② 烏(からす)などもこそ見つくれ。(源氏物語)
(烏などが見つけると大変だ。)

(2) 「こそ」の逆接用法

「こそ～已然形、…」のように、「こそ」の結びで文が切れないで、下に続いていく場合、逆接「～が」「～けれども」の意味を表す。

③ 中垣こそあれ、一つ家のやうなれば、望みて預かれるなり。(土佐日記)
(中に隔ての垣根はあるけれども、一つの家のようであるので、(先方が)望んで預かったのである。)

「結びの消滅(流れ)」の用法

係助詞を受ける結びの活用語で文が終止せず、接続助詞などで下に続く場合、結びが消滅することがある。

例 たとひ耳鼻こそ切れ失すとも、命ばかりはなどか生きざらむ。(徒然草)
(＝たとえ耳や鼻が切れてなくなるとしても、命だけはどうして助からないだろうか、いや助かる。)
→「こそ」を受けて「切れ失すれ」と已然形になるはずが、接続助詞「とも」が付いて、結びが消滅している。

「結びの省略」の用法

結びの部分が省略されることがある。次のような語句を補う必要がある。

にや。にか。→(あらむ)
にこそ。→(あれ・あらめ)
とぞ。となむ。→(言ふ・聞く)
とや。とか。→(言ふ・聞く)

和歌の直前で「かくなむ」となっていたら下に「詠める」などを補う。

基本問題

61 係り結び

次の文から、係り結びの関係にある語を指摘せよ。

(1) かかることやある。（方丈記）
(2) 何かは苦しかるべき。（徒然草）
(3) 五月(さつき)待つ花橘(はなたちばな)の香をかげば昔の人の袖の香ぞする（古今集）
(4) 身はいやしながら、母なむ宮なりける。（伊勢物語）
(5) 世はさだめなきこそ、いみじけれ。（徒然草）

? アドバイス

61 係助詞と結びの語を見つける。

解答➡別冊 p.32

応用問題

62 次の空欄に「けり」を活用させたものを後からそれぞれ一つずつ選べ。 ＜差がつく＞（上智大）

(1) 鎌倉へこそ下られ（　　）。
(2) 「海道一の名人にて候へ。」とぞ申し（　　）。

ア けら　イ けり　ウ ける　エ けれ

63 次の空欄を補うのに最も適当な語を後から選べ。（早稲田大）

籠り居たりと聞き侍りし（　　）ありがたくおぼえしか。

ア さへ　イ なむ　ウ こそ　エ をば　オ だに

64 「是をしも言ふにや。」のあとに三語補うとすれば、何が最も適当か。（明治学院大）

? アドバイス

63 まずは結びの語を見つけ、その活用形から判断する。

解答➡別冊 p.32

22 格助詞

暗記ポイント！
「の」「が」の用法を理解する。同格の用法に注意。

★テストに出る重要ポイント

の　**が**

接続　体言・連体形など　＋　の・が

用法

1 主格「〜が」
① 月の出でたらむ夜は見おこせ給へ。（竹取物語）
② 「雀(すずめ)の子を犬君(いぬき)が逃がしつる。」（源氏物語）

2 連体修飾格「〜の」
③ 良秀がよぢり不動とて、（宇治拾遺物語）

3 準体格「〜のもの」
④ 「いかなれば、四条大納言のはめでたく、兼久がはわろかるべきぞ。」（宇治拾遺物語）

4 連用修飾格・比喩「〜のように」
⑤ 日暮るるほど、例の集まりぬ。（竹取物語）

現代語訳
① 月が出ているような夜はこちらをご覧ください。
② 「雀の子を犬君が逃がしてしまった。」
③ 良秀のよじり不動と言って、
④ 「どういうわけで、四条大納言のもの（＝の歌）は素晴らしく、私兼久のもの（＝の歌）はよくないはずがあろうか。」
⑤ 日が暮れる頃に、いつものように集まった。

5 同格「〜で」……「A＋体言」と「B＋（体言）」が同じ資格で並んでいる。Bの後に「の（が）」の直前の体言を補って訳す。

1 「A＋体言」＋の（が）＋「B＋（体言）」

⑥ いと清げなる僧の、黄なる地の袈裟着たるが来て、（更級日記）

2 「体言」＋の（が）＋「B＋（体言）」

⑦ 女のえ得まじかりけるをからうじて盗み出でて、（伊勢物語）

3 「A＋（体言）」＋の（が）＋「B＋（体言）」

⑧ いとやむごとなき際にはあらぬが、すぐれてときめき給ふありけり。（源氏物語）

その他の格助詞

「の」「が」以外の格助詞には、「を」「に」「より」「から」「にて」「と」「して」「へ」がある。

現代語訳

⑥ たいそうきれいな僧で、黄色の地の袈裟を着ている僧が来て、

⑦ 女で、手に入れることができそうになかった女をやっとのことで盗み出して、

⑧ あまり高貴な身分ではないお方で、たいそう帝の寵愛をお受けになるお方がいた。

基本問題

解答➡別冊 p.33

65 「の」「が」の用法

次の傍線部の「の」「が」の用法を答えよ。

(1) 雪の降りたるは言ふべきにもあらず、（枕草子）

(2) 世の中に絶えて桜のなかりせば春の心はのどけからまし（古今集）

？アドバイス

65 格助詞「の」「が」には、主格・連体修飾格・準体格・連用修飾格・同格の用法がある。

(3) 父の大納言はなくなりて、（源氏物語）
(4) 秀衡（ひでひら）が跡は山野になりて、金鶏山のみ形を残す。（奥の細道）
(5) 草の花は、なでしこ。唐のはさらなり。大和のもいとめでたし。（枕草子）
(6) この歌は、ある人の曰く、柿本人麻呂がなり。（古今集）
(7) 春日野の雪間を分けて生ひ出で（おい）来る草のはつかに見えし君はも（古今集）
(8) 白き鳥の、嘴（はし）と脚（あし）と赤き、鴫（しぎ）の大きさなる、水の上に遊びつつ魚を食ふ。（伊勢物語）
(9) 色濃く咲きたる木の、やうだいうつくしきがはべりしを、（大鏡）

応用問題

66 次の文の「の」と同じ用法を後から選べ。 差がつく

いと清げなる僧の、黄なる地の袈裟（けさ）着たるが来て、（早稲田大）

ア 内のさまいたくすさまじからず。
イ 静心（しづごころ）なく花の散るらむ
ウ あさましげなる犬の、わびしげなるがわななき歩く。
エ 日暮るるほど、例の集まりぬ。
オ 手わろき人のはばからず文書き散らすはよし。

解答➡別冊 p.33

? アドバイス
66 例文の「の」は、同格の用法。

23 接続助詞

暗記ポイント！
接続助詞の用法を理解する。特に、接続によって意味の変わる「ば」には注意する。

★テストに出る重要ポイント

ば

接続 未然形・已然形 ＋ ば

用法

1 順接の仮定条件「もし～ならば」……「未然形＋ば」の形。

① 名にし負はばいざ言問はむ都鳥（伊勢物語）

2 順接の確定条件……「已然形＋ば」の形。

1 偶然条件「～と」「ところ」

② それを見れば、三寸ばかりなる人、いとうつくしうてゐたり。（竹取物語）

2 原因・理由「～ので」「～から」

③ いと幼ければ、籠（こ）に入れて養ふ。（竹取物語）

3 必然条件＝恒常条件「～といつも」

④ この子を見れば苦しき事も止みぬ。（竹取物語）

⑤ 命長ければ辱（はぢ）多し。（徒然草）

現代語訳

① 都という名前を（特に）持っているならば、さあ、尋ねてみよう。都鳥よ。

② それを見ると、三寸ぐらいである人が、たいそうかわいらしい様子で座っている。

③ たいそう幼いので、かごに入れて育てる。

④ この子を見るといつも苦しいことも治ってしまった。

⑤ 命が長いといつも恥が多い。

と とも

接続 終止形（形容詞は連用形）＋と・とも

用法

1 逆接の仮定条件「〜としても」

⑥ かばかりになりては、飛び降るるとも降りなむ。（徒然草）

ど ども

接続 已然形 ＋ど・ども

用法

1 逆接の確定条件「〜のに」「〜けれども」

⑦ あやしき下﨟（げらふ）なれども、聖人の戒めにかなへり。（徒然草）

を に が

接続 連体形 ＋を・に・が

用法

1 単純接続「〜と」「〜ところ」「〜が」

⑧ あやしがりて、寄りて見るに、筒の中光りたり。（竹取物語）

2 逆接の確定条件「〜のに」「〜けれども」「〜が」

現代語訳

⑥ これぐらいになっては、飛び降りるとしてもきっと降りることができるだろう。

⑦ いやしい身分の低い者であるけれども、聖人の戒めにかなっている。

⑧ 不思議に思って、近寄って見ると、筒の中が光っている。

⑨ 涙落つとも覚えぬに、枕浮くばかりになりにけり。（源氏物語）

3 順接の確定条件「～ので」「～から」……「を」「に」のみ。

⑩ 「はや舟に乗れ、日も暮れぬ。」と言ふに、乗りて渡らむとするに、（伊勢物語）

で

接続　未然形　＋　で

用法

1 打消の接続「～ないで」

⑪ 聞かでなむありける。（伊勢物語）

つつ

接続　連用形　＋　つつ

用法

1 動作の反復・継続「～ては」「～し続けて」

⑫ 野山にまじりて竹を取りつつ、よろづの事に使ひけり。（竹取物語）

2 動作の同時進行「～ながら」

⑬ 水の上に遊びつつ魚を食ふ。（伊勢物語）

「で」の語源

接続助詞「で」は、「ずて」（打消の助動詞「ず」＋接続助詞「て」）からできたものなので、未然形に接続し、打消の意味を含む。

その他の接続助詞

ここに挙げたもの以外の接続助詞に、「て・して」がある。

現代語訳

⑨ 涙がこぼれ落ちるとも気付かないのに、枕が浮くほどになってしまった。

⑩ 「早く舟に乗れ、日も暮れてしまう。」と言うので、乗って渡ろうとすると、

⑪ 聞かないでいた。

⑫ 野や山に分けいって竹を取っては、いろいろなことに使った。

⑬ （鳥が）水の上を泳ぎながら魚を食う。

基本問題

67 接続助詞の用法

傍線部の助詞の意味と訳を答えよ。

(1) 盛りにならば、かたちも限りなくよく、髪もいみじく長くなりなむ。(更級日記)
(2) 天の原ふりさけ見れば春日なる三笠の山にいでし月かも(古今集)
(3) 京には見えぬ鳥なれば、みな人見知らず。(伊勢物語)
(4) 翁、心地あしく苦しき時も、この子を見れば苦しき事も止みぬ。(竹取物語)
(5) 用ありて行きたりとも、そのこと果てなば、とく帰るべし。(徒然草)
(6) 秋来ぬと目にはさやかに見えねども風の音にぞ驚かれぬる。(古今集)
(7) 十月つごもりなるに、紅葉散らで盛りなり。(更級日記)
(8) 母、物語など求めて見せ給ふに、げにおのづから慰みゆく。(更級日記)
(9) 鬼ある所とも知らで、(伊勢物語)

解答➡別冊 p.34

?アドバイス

67 (1)〜(4)「ば」は、接続に注意して、意味と訳を考える。

応用問題

68 次の傍線部「で」と同じものを選べ。〈差がつく〉(明治大)

聞きにくくもあらで、いとをかしく聞こゆ。

ア 奏聞しけれど、御遊の折節で聞こし召しも入れられず。
イ ひとへに女御のさまでぞまじましける。
ウ 誰もみなあのやうでこそありたけれ。
エ もののあはれも知らで、おのれし酒をくらひつれば、

解答➡別冊 p.34

?アドバイス

68「で」の識別。例文と同様、未然形に接続しているものを探す。

24 副助詞

暗記ポイント！

副助詞の用法を理解する。「だに」「すら」「さへ」の訳し方に注意する。

★テストに出る重要ポイント

だに

用法

1 **類推「～さえ」**……「AだにB、ましてC。」の形。軽いものをあげて重いものを類推させる。

① 光やあると見るに、蛍ばかりの光だになし。（竹取物語）

2 **（最小限の）限定・希望「せめて～だけでも」**……意志・願望・仮定・命令があると（最小限の）限定・希望。

② ものをだに聞こえむ。（大和物語）

すら

用法

1 **類推「～さえ」**……極端なものをあげて、一般的なものを類推させる。

③ 言問（こと）はぬ木すら妹（いも）と兄（せ）ありといふを（万葉集）

◆「だに」「すら」「さへ」の訳し方

古文では、「だに」「すら」を「さえ」と訳し、「さへ」は「さえ」と訳さないので注意する。

類推「だに」「すら」……「～さえ」
添加「さへ」…………「～までも」

現代語訳

① 光があるかと見ると、蛍ほどの光さえない。（まして仏の鉢が本物である証拠の輝く光はない。）
② **せめて話だけでも**申し上げたい。
③ ものを言わない木でさえ、兄弟があるというのに（まして人間の私には兄弟があってもいいのに）、

さへ

用法

1 添加「〜までも」

④ 世になく清らなる玉の男皇子(をのこみこ)さへ生まれ給ひぬ。(源氏物語)

⑤ 歌さへぞ鄙(ひな)びたりける。(伊勢物語)

し

用法

1 強意(強調)「ちょうど」「特に」「〜に限って」……訳しにくいときは訳さなくてもよい。係助詞「も」と一緒に用いられ、「しも」いう形にもなる。

⑥ はるばる来ぬる旅をしぞ思ふ(伊勢物語)

のみ

用法

1 限定「〜だけ」

⑦ 花は盛りに、月はくまなきをのみみるものかは。(徒然草)

2 強意(強調)「ただもう〜」「特に〜」

⑧ 今日は都のみぞ思ひやらるる。(土佐日記)

その他の副助詞

ここに挙げたもの以外の副助詞に、「ばかり」「など」がある。

現代語訳

④ この世にまたとなく美しい玉のような男皇子までも生まれなさった。

⑤ 歌までもが田舎めいていた。

⑥ はるばる来てしまった旅を(特に)思うことだ。

⑦ 桜の花は真っ盛りに咲いているのを、月は曇りのないのだけを見るものか、いやそうではない。

⑧ 今日はただもう都のことが思いやられる。

基本問題

69 副助詞の用法

傍線部の助詞の意味と訳を答えよ。

(1) つくづくと一年(ひととせ)を暮らすほどだにも、こよなうのどけしや。(徒然草)

(2) 「昇らむをだに見送り給へ。」(竹取物語)

(3) 聖(ひじり)などすら前(さき)の世のこと夢に見るは、いと難かんなることを、(更級日記)

(4) 望月の明さを十合(とを)はせたるばかりにて、ある人の毛の穴さへ見ゆるほどなり。(竹取物語)

(5) 鹿の音を聞くに我さへ鳴かれぬる谷の庵は住み憂かりけり(無名抄)

(6) 名にし負はばいざ言問はむ都鳥わが思ふ人はありやなしやと(伊勢物語)

(7) 今し羽根といふ所に来ぬ。(土佐日記)

(8) 「今日しも端におはしましけるかな。」(源氏物語)

解答➡別冊 p.35

? アドバイス

69 「だに」「すら」「さへ」の意味と訳に注意する。

応用問題

70 A「だに」B「さへ」の文法的意味は何か。次から選べ。(立教大／改)

ア 限定　イ 類推　ウ 添加　エ 疑問　オ 反語　カ 強意

71 次の文の傍線部を文法的に説明せよ。(同志社大／改)

明らかにしもなりにたる。

解答➡別冊 p.36

? アドバイス

71 「し」「も」に注意して分解する。

25 終助詞

★テストに出る重要ポイント

ばや

接続　未然形　＋　ばや

用法

1 自己の願望「〜たい」

①「いかで見ばや。」と思ひつつ、（更級日記）

なむ

接続　未然形　＋　なむ

用法

1 他に対する願望「〜てほしい」

② いつしか梅咲かなむ。（更級日記）

てしがな（てしが）　にしがな（にしが）

接続　連用形　＋　てしがな・にしがな

暗記ポイント！

終助詞の用法を理解する。「なむ」は、他の語との識別に注意する。

❋「なむ」の識別法

(1) 未然形に付く。「〜てほしい」の意味。
→終助詞「なむ」

(2) 連用形に付く。「きっと〜だろう」の意味。
→強意（完了）の「ぬ」＋推量の「む」

(3) 直前が「死」「往（去）」。
→ナ変動詞活用語尾＋推量の「む」

(4) 除いても意味が変わらない。文末が連体形。
→係助詞「なむ」

用法

1 自己の願望「～たいものだ」

③ いかでこのかぐや姫を得てしがな、見てしがな。（竹取物語）

もがな　がな　もがも

接続　種々の語 ＋ もがな・がな・もがも

用法

1 願望「～があればなあ」「～であればなあ」

④ 心あらん友もがな。（徒然草）

そ

接続　（副詞「な」） ＋ 連用形（カ変・サ変は未然形） ＋ そ

用法

1 禁止「～な」

⑤ な起こし奉りそ。（宇治拾遺物語）

な（禁止）

接続　終止形（ラ変型は連体形） ＋ な

用法

現代語訳

① 「何とかして見たい。」と思い続けて、
② 早く梅が咲いてほしい。
③ なんとかしてこのかぐや姫を手にいれ（妻にし）たいものだ、逢いたいものだ。
④ 情趣を解する友があればなあ。
⑤ お起こし申し上げるな。

1 禁止「〜な」

⑥ あやまちすな。心して降りよ。（徒然草）

な（詠嘆）

接続 文末 ＋ かな

用法

1 詠嘆「〜なあ」

⑦ 花の色はうつりにけりな（古今集）

その他の終助詞

ここに挙げたもの以外の終助詞に、詠嘆の「かな」や念押しの「かし」などがある。

現代語訳

⑥ 失敗するな。気をつけて降りよ。

⑦ 桜の花の色は色あせてしまったなあ。

基本問題

72 終助詞の用法

傍線部の助詞の意味と訳を答えよ。

(1) みな人、別当入道の包丁を見ばやと思へども、（徒然草）

(2) 飽(あ)かなくにまだきも月の隠るるか山の端逃げて入れずもあらなむ（伊勢物語）

(3) さてもさぶらひてしがなと思へど、（伊勢物語）

(4) いかで、心として死にもしにしがな。（蜻蛉日記）

(5) 世の中にさらぬ別れのなくもがな千代もといのる人の子のため（伊勢物語）

(6) 「何か射る。な射そ、な射そ。」（大鏡）

(7) 「あな、かま。人に聞かすな。」（更級日記）

(8) あはれに悲しき事なりな。（大鏡）

解答➡別冊 p.36

? アドバイス

72 終助詞の意味と訳をきちんと覚えておこう。

73 副詞「な」と呼応する終助詞を答える。

73 終助詞の用法

空欄に最も適切な一語を答えよ。

あながちにこの道な深く習ひ（　　　）。（源氏物語）

応用問題

解答➡別冊 p.37

74 次の傍線部の助詞「ばや」の意味を答えよ。（立教大）

「二人ながら我がものにて見ばや。」と思す。

ア 詠嘆　イ 仮定条件　ウ 願望　エ 打消　オ 推定

75 次の文の現代語訳として最も適当なものを後から選べ。（関西学院大）

この花やがて匂はなん。

ア　この菊の花はまもなく美しく咲くようになるでしょう。

イ　この菊の花はすぐに匂わなくなるでしょう。

ウ　この菊の花はそのまま美しく咲いてほしい。

エ　この菊の花はさすが匂うように咲いています。

オ　この菊の花はいまに美しく咲くはずです。

76 次の文を現代語訳せよ。 差がつく （早稲田大・東京大）

(1)　迷はざらなむ。

(2)　尼上、とう帰らせたまはなむ。

アドバイス

75 終助詞「なん」が正しく訳出されているものを選ぶ。

76 未然形に付いた「なむ」は、終助詞。正しく訳出する。

26 間投助詞

暗記ポイント！
間投助詞の用法を理解する。

★テストに出る重要ポイント

よ や

※「よ」には終助詞説もある。

用法

1 詠嘆「〜よ」

① 「雀（すずめ）慕ひ給ふほどよ。」（源氏物語）

② 「いで、あな幼や。」（源氏物語）

2 呼びかけ「〜よ」

③ 「少納言よ、香炉峰の雪はいかならむ。」（枕草子）

④ 「あが君や、いづくにかおはしましぬる。」（源氏物語）

を

用法

1 詠嘆「〜よ」

⑤ 「まことに、そは知らじを。」（枕草子）

2 強調「〜ね」

⑥ この世なる間は楽しくをあらな（万葉集）

現代語訳

① 「雀を追いかけていらっしゃる様子だよ。」

② 「なんと、まあ子供っぽいよ。」

③ 「少納言よ、香炉峰の雪はどのようであろう。」

④ 「わが君よ、どこにいらっしゃったのか。」

⑤ 「本当に、そんなことは知らないだろうよ。」

⑥ この世にいる間は、楽しくね。暮らしたい。

基本問題

77 間投助詞の用法

傍線部の助詞の意味と訳を答えよ。

(1) 人の言ふらむことをまねぶらむよ。（枕草子）
(2) わが心なぐさみかねつ更級（さらしな）や姨捨（をばすて）山に照る月を見て（大和物語）
(3) 「あはれいと寒しや。」（源氏物語）
(4) 「わが君や。いかにして、方々をば捨ておはしましぬるぞ。」（讃岐典侍日記）
(5) いかでなほ、少しひがごとを見つけてをやまむ。（枕草子）
(6) 「のどかにを。」と慰め給ふ。（源氏物語）

解答➡別冊 p.37

？アドバイス
77 間投助詞は他の語とまぎれやすい。意味と訳をきちんと覚えておこう。

応用問題

78

傍線部ア〜オの「や」のうち一つだけ用法の違うものを選べ。（青山学院大）

ア 「いまだ人の起きたるにや。」と見ゆれば、
イ 行ふ人あるにや、
ウ 行ひはてぬるにや、
エ 「いみじの月の光や。」とひとりごちて、
オ 鈍色香染（にびいろかうぞめ）などにや、

解答➡別冊 p.37

？アドバイス
78 「や」の識別。係助詞の「や」と間投助詞の「や」を見分ける。

長文問題 伊勢物語（都鳥）

解答➡別冊 p.38

◎ 次の文章を読んで、後の問いに答えよ。

なほ行き行きて、武蔵（むさし）の国と下総（しもつふさ）の国との中に、いと大きなる河あり。それをすみだ河といふ。その河のほとりに群れゐて思ひやれば、限りなく遠くも来にけるかな、とわび合へるに、渡し守、「はや舟に乗れ、日も暮れ①ぬ。」と言ふに、A乗りて渡らむとするに、みな人ものわびしくて、京に思ふ人なきに②しもあらず。さるをりしも、白き鳥の、嘴（はし）と脚と赤き、鴫（しぎ）の大きさなる、水の上に遊びつつ魚（いを）を食ふ。京には見え③ぬ鳥なれば、みな人見知らず。渡し守に問ひければ、「これなむ都鳥。」と言ふを聞きて、

B名にし負はばいざ言問はむ都鳥わが思ふ人はありやなしやと

と詠めりければ、C舟こぞりて泣きにけり。

（「伊勢物語」第九段）

語注

▼武蔵の国＝今の東京都・埼玉県および神奈川県の一部。

▼下総の国＝今の静岡県中央部。

▼都鳥＝ユリカモメの別名。

問一 傍線部①「ぬ」③「ぬ」を文法的に説明せよ。

問二 傍線部②「しも」を文法的に説明せよ。

問三 傍線部A「白き鳥の、嘴と脚と赤き、鴫の大きさなる」B「名にし負はばいざ言問はむ都鳥わが思ふ人はありやなしやと」を現代語訳せよ。

問四 傍線部C「舟こぞりて泣きにけり」となったのは、なぜか。最も適当なものを次から選べ。発展

ア　都を去らなければならなかった男の特殊な事情がわかり、同情したから。

イ　男の恋人が都にいるかどうかもわからないので、心配したから。

ウ　都の恋人の安否を気遣う歌を詠む男の歌に共感し、都が恋しくなったから。

エ　いつ許されて都に帰れるかわからない将来への不安で、胸が一杯になったから。

オ　男の風流な歌の内容や、優雅な振る舞いに都のみやびをしみじみと感じたから。

問五 次の問いに答えよ。

(1)　「伊勢物語」の主人公とされている人物を、漢字四字で答えよ。

(2)　「伊勢物語」のジャンルを次から選べ。

ア　作り物語　　イ　歌物語　　ウ　歴史物語

エ　軍記物語　　オ　歌論

?アドバイス

問三 A格助詞「の」の用法に注意。B副助詞「し」の用法に注意。

27 副詞

★テストに出る重要ポイント

▼呼応の副詞……下の語に一定の言い方を要求し、打消や禁止・仮定などの意味を表す。陳述の副詞、叙述の副詞ともいう。（赤字は重要なもの。）

(1) 打消の語「ず・じ・まじ・なし」を伴うもの

え　＋〜ず（〜できない）
さらに　＋〜ず（全く〜ない）
絶えて　＋〜ず（全く〜ない）
おほかた＋〜ず（全く〜ない）
つゆ　＋〜ず（少しも〜ない）
をさをさ＋〜ず（ほとんど〜ない）
いと　＋〜ず（あまり〜ない・たいして〜ない）
よに　＋〜ず（けっして〜ない）
よも　＋〜じ（まさか〜ないだろう）※呼応は「じ」のみ。

① 今宵はえ参るまじ。（枕草子）

暗記ポイント！

呼応の副詞に注意。副詞と呼応する語、意味を覚える。

●副詞の種類

副詞には、「呼応の副詞」以外に、様子を表す「状態の副詞」や程度を表す「程度の副詞」がある。

状態の副詞の例

おのづから（＝自然と）
やうやう（＝次第に）
やがて（＝そのまま・すぐに）

程度の副詞の例

あまた（＝たくさん）
いと（＝たいそう）
よに（＝実に）

(2) 禁止の語を伴うもの

な　＋〜そ　（〜するな・〜してくれるな）

ゆめ　＋〜な　（決して〜するな）

② 月な見給ひそ。（竹取物語）

(3) 仮定の語を伴うもの

たとひ　＋〜とも　（たとえ〜としても）

よし　＋〜とも　（たとえ〜としても）

おのづから＋仮定表現　（万一・ひょっとして〜としたら）

※単独では、「自然に」「偶然・たまたま」の意味。

③ たとひ耳鼻こそ切れ失すとも、（徒然草）

(4) 下に来る語によって意味の変わる語

いかで＋願望・意志の語　（なんとかして〜・どうにかして〜）

いかで＋疑問の語・「らむ」「けむ」　（どうして〜）

いかで＋反語の語　（どうして〜か、いや〜でない）

いつしか＋願望・意志の語　（早く〜）

④ いかでとく京へもがなと思ふ心もあれば、（土佐日記）

⑤ いつしか梅咲かなむ。（更級日記）

現代語訳

① 今夜は参上できないだろう。

② 月を御覧になるな。

③ たとえ耳や鼻が切れてなくなるとしても、

④ なんとかして早く京へ帰りたいものだと思う気持ちがあるので、

⑤ 早く梅が咲いてほしい。

基本問題

79 呼応の副詞

次の文の傍線部「さらに」と呼応関係にある語を記せ。

さらに後れ給ふべしとも見え給はず。

80 呼応の副詞

次の空欄にあてはまる適当な副詞を後から選べ。

(1) (　　)耳鼻こそ切れ失すとも、命ばかりはなどか生きざらむ。(徒然草)

(2) 僧都は(　　)さやうには据ゑ給はじを、いかなる人ならむ。(源氏物語)

(3) 知らぬ人の中にうちふして、(　　)まどろまれず。(更級日記)

(4) 世の中に物語といふもののあんなるを、(　　)見ばやと思ひつつ、(更級日記)

ア　つゆ　イ　たとひ　ウ　など　エ　いかで　オ　よも

応用問題

81 次の文の傍線部の文法的説明として最も適当なものを後から選べ。(明治大)

足手腰もうち折れて、起居もえせず。

ア　動詞「得」の未然形　イ　可能の意を表す副詞

ウ　感動の意を表す感動詞　エ　形容動詞「えせなり」の語幹の一部

オ　受身・可能・自発の助動詞「ゆ」の連用形

?アドバイス

80 傍線部と呼応する副詞を選ぶ。

解答➡別冊 p.40

?アドバイス

81「え」は「ず」と呼応する。

解答➡別冊 p.40

82 次の文の解釈として最も適当なものを後から選べ。 差がつく（同志社大／改）
よにかかる事のたまはじ。
ア　とても気にかかることであるなあ。
イ　この世にこんな事があるだろうか。
ウ　決してこんな事はなさらないだろう。
エ　この世にこんな事があってはいけない。
オ　決してこんな事はおっしゃらないだろう。

83 次の文の意味として最も適当なものを後から選べ。（上智大）
なおどろかし聞こえさせそ。
ア　びっくりなさってはいけませんよ。
イ　お起こし申し上げてはいけません。
ウ　そんなに驚かすものではありません。
エ　きっとお目覚めにはならないでしょう。

84 次の文の空欄に入る最も適当な語を後から選べ。（早稲田大）
（　　）なほ消え失せぬるわざもがな、と嘆く。
ア　あへて　イ　いかで　ウ　いとど　エ　さらに
オ　なかなか　カ　また

？アドバイス
84 願望の終助詞「もがな」と呼応する副詞を選ぶ。

長文問題 更級日記（源氏の五十余巻）

解答⬇別冊 p.41

◎次の文章を読んで、後の問いに答えよ。

かくのみ思ひくんじたるを、心も慰めむと、心苦しがりて、母、物語など求めて見せ給ふに、げにおのづから慰みゆく。紫のゆかりを見て、続きの見まほしくおぼゆれど、[A]人語らひなどもえせず。たれもいまだ都なれぬほどにて、え見つけず。いみじく[B]心もとなく、[C]ゆかしくおぼゆるままに、「この源氏の物語、一の巻よりしてみな見せ給へ。」と、心のうちに祈る。親の太秦（うづまさ）に籠り給へるにも、異事（ことごと）なく、このことを申して、いでむままにこの物語見果てむと思へど、見えず。

[D]いと口惜しく思ひ嘆かるるに、①をばなる人の、田舎より上りたる所に(1)わたいたれば、「いと[E]うつくしう生ひなりにけり。」など、あはれがり、(2)めづらしがりて、(3)帰るに、「何をか奉らむ。[F]まめまめしきものは、まさなかりなむ。ゆかしくし給ふ②なるものを奉らむ。」とて、源氏の五十余巻、[a]櫃に入りながら、在中将・とほぎみ・せりかは・しらら・あさうづなどいふ物語ども、一袋取り入れて、得て帰る心地のうれしさぞいみじきや。

はしるはしる、わづかに見つつ、心も得ず心もとなく思ふ源氏を、一の巻よりして、人もまじらず、[b]几帳の内にうち伏して引きいでつつ見る心地、后の位も何にかはせむ。昼は日暮らし、夜は目の覚めたる限り、火を近くともして、これを見るよりほかのことなければ、おのづからなどは、そらにおぼえ浮かぶを、[G]いみじきことに思ふに、夢に、③いと清げなる④僧の、黄なる地の[c]袈裟着たるが来て、「法華経五の巻をとく習へ。」と言ふと見れど、人にも語らず、習はむとも思ひかけず。物語のことをのみ心にしめて、我はこのごろわろきぞかし。盛りに⑤ならば、か

語注

▼かくのみ思ひくんじたる＝このようにふさぎこんでばかりいる。

▼櫃＝ふたのついた大型の木箱。

▼几帳＝平安時代に、室内に立てて隔てとした道具。台にT字形の柱を立てて、それに帳を垂らしたもの。

▼おのづからなどは、そらにおぼえ浮かぶ＝自然とそらんじて（作品の内容が心に）浮かびなどする。

たちも限りなくよく、⑥髪もいみじく長くなりなむ。光の源氏の夕顔、宇治の大将の浮舟の女君のやうにこそあらめと思ひける心、まづいとはかなく、あさまし。

（『更級日記』）

問一 a「榧」b「几帳」c「袈裟」の読みを現代仮名遣いで答えよ。

問二 傍線部①②④⑤の文法的説明として、最も適当なものを次から選べ。

ア　断定の助動詞　　イ　伝聞の助動詞
ウ　形容動詞の活用語尾　　エ　ラ行四段活用の動詞

問三 傍線部B「心もとなく」C「ゆかしく」D「口惜しく」E「うつくしう」G「いみじき」の意味を答えよ。

問四 (1)「わたいたれば」(2)「めづらしがり」(3)「帰る」の主語は、誰か。最も適当なものを次から選べ。（同じ記号を使ってもよい。）

ア　をば　　イ　親　　ウ　人　　エ　作者

問五 傍線部A「人語らひなどもえせず。」F「まめまめしきものは、まさなかりなむ。」を現代語訳せよ。

問六 傍線部③「いと清げなる僧の、黄なる地の袈裟着たるが来て」の「の」の意味用法を次から選べ。

ア　主格　　イ　連体格　　ウ　同格　　エ　準体格
オ　連用格

問七 傍線部⑥「髪もいみじく長くなりなむ」の「なむ」を文法的に説明せよ。

問八 次の問いに答えよ。

(1)　本文中に、『源氏物語』を読みふけることのできた歓喜を、端的に表している箇所がある。その箇所を、本文中から抜き出せ。

(2)　本文中で、少女時代の作者の夢見る気持ちが最も強く表れているのは、どこか。その箇所を本文中から抜き出し、初めと終わりの三字で答えよ。（句読点を含まない。）　差がつく

問九 この文章は、作者が晩年に少女時代を回想して執筆したものである。少女時代の心境を回想して、どのように反省しているか。その反省を表す言葉を本文中から二つ抜き出し、終止形にして答えよ。　発展

28 敬語の種類

暗記ポイント!

尊敬語・謙譲語・丁寧語を理解する。敬意の主体と対象を見分けられるようにする。

テストに出る重要ポイント

▼**敬語の種類**……敬語には尊敬語と謙譲語と丁寧語という三つの種類がある。

- **尊敬語**……話し手（書き手）が動作の主体（為手）を敬ったもの。
- **謙譲語**……話し手（書き手）が動作の客体（受け手）を敬ったもの。
- **丁寧語**……話し手（書き手）が聞き手（読み手）を敬ったもの。

1 尊敬語……話し手や書き手（作者）が、話題となっている事柄の動作をする人（主体）に敬意を表す。

例 AはBに花を給ふ。（AはBに花をお与えになる。）

2 謙譲語……話し手や書き手（作者）が、話題となっている事柄の動作の受け手（客体）に敬意を表す。

例 AはBに花を奉る。（AはBに花をさしあげる。）

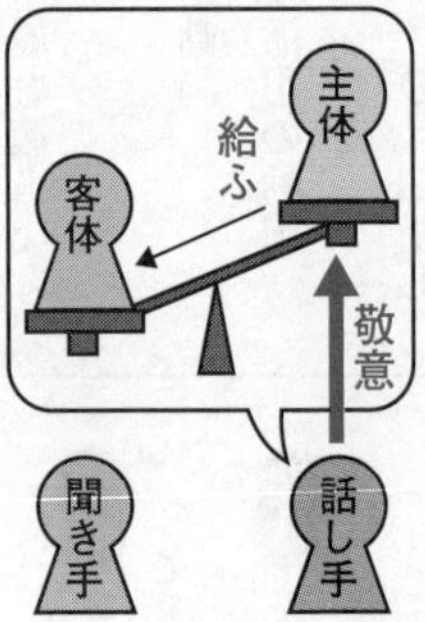

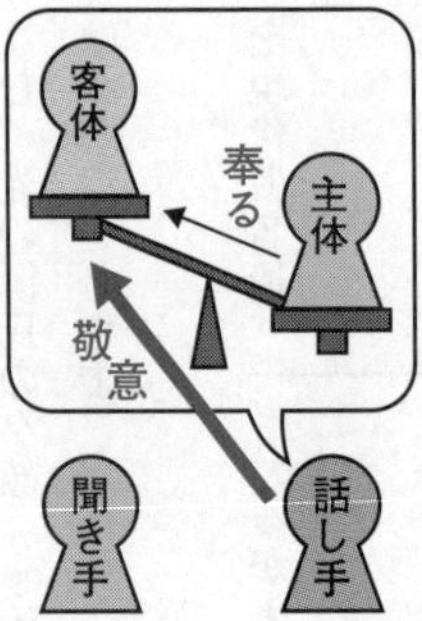

敬意の主体と対象

敬語では、だれから（主体）のだれに対する（対象）敬意かを明らかにする。

- 会話文…話し手からの敬意。
- 地の文…書き手（作者）からの敬意。

- 尊敬語…動作の主体（為手）への敬意。
- 謙譲語…動作の客体（受け手）への敬意。
- 丁寧語…聞き手（読み手）への敬意。

3　丁寧語……話し手や書き手（作者）が、目の前の聞き手や読み手に敬意を表す。

例　AはBに花を与へ侍り。
（AはBに花を与えます。）

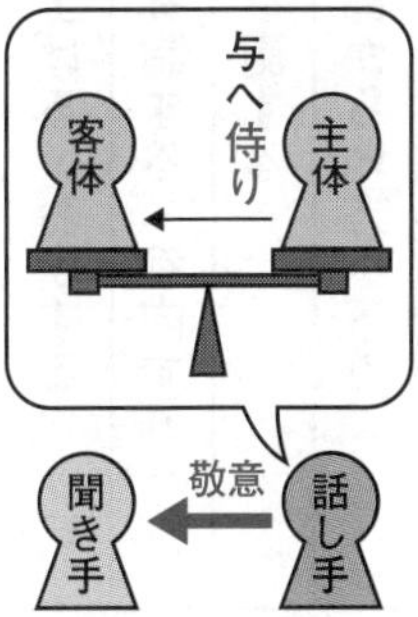

■**おもな尊敬語**　本は本動詞、補は補助動詞の用法。

たまふ〔四段〕 たぶ〔四段〕	本　お与えになる・くださる 補　（お）〜なさる・お〜になる
たまはす〔下二段〕	本　お与えになる・くださる
おはす〔サ変〕 おはします〔四段〕 いますかり〔ラ変〕	本　いらっしゃる・おいでになる 補　（お）〜なさる・お〜になる・〜（て）いらっしゃる
ます〔四段〕 まします〔四段〕	本　いらっしゃる・おいでになる 補　〜（て）いらっしゃる・お〜になる
のたまふ〔四段〕 のたまはす〔下二段〕	本　おっしゃる
仰（おほ）す〔下二段〕	本　おっしゃる

❁敬語の補助動詞

敬語動詞の本来の動詞の意味を失って、尊敬や謙譲や丁寧の意味を加えるものを「**補助動詞**」という。それに対して本来の意味を持っているものを「**本動詞**」という。補助動詞か本動詞かは、動詞本来の意味があるかどうかで判断する。

例　大納言が扇を給ふ。（＝お与えになる）
→「与える」の意味がある。…**本動詞**
大納言が扇を広げ給ふ。（＝広げなさる）
→「与える」の意味がない。…**補助動詞**

思(おぼ)す〔四段〕 思(おぼ)しめす〔四段〕	本 お思いになる
ご覧ず〔サ変〕	本 ご覧になる
聞こしめす〔四段〕	本 お聞きになる・召し上がる
召す〔四段〕	本 お呼びになる・お取りになる・召し上がる・お召しになる
つかはす〔四段〕	本 派遣なさる・おやりになる
あそばす〔四段〕	本 なさる・和歌をお詠みになる・管弦を演奏なさる
大殿(おほとの)ごもる〔四段〕	本 お休みになる

■おもな謙譲語　本は本動詞、補は補助動詞の用法。

たまふ〔下二段〕	補 ～させていただく（～です・～ます）
奉る〔四段〕	本 さしあげる
参らす〔下二段〕	補 （お）～申し上げる・お～する
参(まゐ)る〔四段〕	本 参上する・参詣する・参内する
詣(まう)づ〔下二段〕	本 参上する・参詣する
まかる〔四段〕	本 退出する・都から地方へ下る

◆たまふ

四段活用の「たまふ」は尊敬語、下二段活用の「たまふ」は謙譲語となる。謙譲語の「たまふ」は、補助動詞の用法のみ。会話文（手紙文）の中にのみ用いられる。「思ふ・見る・聞く・知る」の連用形の下に接続することが多い。敬意の方向は話し手から聞き手へ。

◆奉る

「奉る」は、前後に飲食物・衣服・乗物がある場合、尊敬語（＝召し上がる・お召しになる・お乗りになる）になることがある。

まかづ〔下二段〕	[本] 退出する・参ります
たまはる〔四段〕	[本] いただく　[補] 〜ていただく
うけたまはる〔四段〕	[本] いただく・お受けする・お聞きする
申す〔四段〕	[本] 申し上げる [補] (お)〜申し上げる・お〜する
聞こゆ〔下二段〕 聞こえさす〔下二段〕	[本] 申し上げる・(手紙などを)さしあげる [補] (お)〜申し上げる・お〜する
奏す〔サ変〕	[本] 帝・天皇に申し上げる
啓す〔サ変〕	[本] 皇后・中宮に申し上げる
候ふ〔四段〕 侍り〔ラ変〕	[本] お仕えする
つかへまつる〔四段〕 つかうまつる〔四段〕 つかまつる〔四段〕	[本] お仕えする・和歌をお詠み申し上げる・管弦を演奏して差し上げる

■おもな丁寧語

[本]は本動詞、[補]は補助動詞の用法。

候ふ〔四段〕 侍り〔ラ変〕	[本] あります・おります・ございます [補] 〜です・〜ます・〜でございます

◆参る

「参る」には、謙譲語として「(何かを)してさしあげる」意味の用法がある。

[例] 御格子(みかうし)参る(＝御格子をお上げ(お下げ)する)

大御酒(おほみき)参る(＝お酒をさしあげる)

また、前後に飲食物がある場合、尊敬語(＝召し上がる)になることがある。

◆聞こゆ

「聞こゆ」には一般動詞もある。「聞こえる・世に知られる・噂される・わかる」などと訳す。

◆候ふ・侍り

「候ふ・侍り」は、そばにお仕えする貴人がいる場合、謙譲語(＝お仕えする)になる。「候ふ」には、謙譲語で「参上する」の意味もある。

また、補助動詞の用法は丁寧語にのみある。

基本問題

85 敬語の種類

次の傍線部の敬語の種類と意味(終止形で答える)と敬意の方向を答えよ。

(1) (惟喬(これたか)の親王(みこ)は、男に)大御酒(おほみき)を給ひ、禄(ろく)給はむとて、(伊勢物語)

(2) 花山寺におはしましつきて、(帝が)御髪(みぐし)おろし給ひて後にぞ、(大鏡)

(3) 昔、惟喬の親王と申す親王おはしましけり。(伊勢物語)

(4) あはれなることは、(帝が位から)おりおはしましける夜、(大鏡)

(5) 帝、源氏の君を限りなきものに思し召しながら、(源氏物語)

(6) (帝が)ご覧じけるを、(大鏡)

(7) 親王、大殿籠らで、明かし給うてけり。(伊勢物語)

(8) かの馬の頭(かみ)、(歌を惟喬の親王に)奉りける。(伊勢物語)

(9) (翁が)「かぐや姫を養ひ奉ること二十余年になりぬ。」(竹取物語)

(10) (粟田(あはた)殿が)「必ず(帝のもとに)参り侍らむ。」(大鏡)

(11) 「さては扇のにはあらで、海月(くらげ)のななり。」と(中納言に)聞こゆれば、(枕草子)

(12) (安倍晴明が)「参りて(帝に)奏せむ。」(大鏡)

(13) 宮の御前(=中宮定子に)近くさぶらひて、もの啓しなど、こと事をのみ言ふも、(枕草子)

(14) ある人(光源氏に)「北山になむ、なにがし寺といふ所に、かしこき行ひ人侍る。」(源氏物語)

(15) 五月五日、賀茂の競べ馬見はべりしに、(徒然草)

解答➡別冊 p.44

? アドバイス

85 誰からの敬意かは、地の文で用いられているか会話文で用いられているかで見分ける。誰への敬意かは、敬語の種類で見分ける。

応用問題

解答➡別冊 p.45

86 次の文の傍線部の敬語の種類を後から選べ。（法政大）

(1) 尊くこそおはしけれ。
(2) 神へ参るこそ本意なれ。
(3) ある人に誘はれ奉りて、
(4) 明くるまで月見ありく事侍りしに、
(5) 案内せさせて入り給ひぬ。

ア 尊敬　イ 謙譲　ウ 丁寧

87 「聞こえさす」の普通語、敬語動詞の種類を選べ。（明治大）

A ア 飲む　イ 受く　ウ 知る　エ 思ふ　オ 言ふ
B ア 尊敬語　イ 心内語　ウ 丁寧語　エ 待遇語　オ 謙譲語

29 注意すべき敬語表現

暗記ポイント！

二重敬語（最高敬語）や絶対敬語、また多方面への敬語など注意すべき敬語表現を理解する。

テストに出る重要ポイント

- **二重敬語（最高敬語）**……尊敬の助動詞「す」「さす」「しむ」に、さらに尊敬の補助動詞「給ふ」「おはします」が付くことがある。この形を二重敬語（最高敬語）といい、帝、院、皇族やかなり身分の高い人が主語になる。ただし、会話文では、あまり身分の高くない人に対しても用いられることがある。

　未然形　＋　せ／させ／しめ　＋　給ふ／おはします

- **絶対敬語**……天皇や皇后（中宮）など、特定の相手に対してのみ用いられる敬語を絶対敬語という。「奏す」「啓す」などがある。
奏す…謙譲語。「（天皇に）申し上げる」。相手は必ず「天皇」。敬意の方向は、書き手（作者）または話し手から天皇に対して。

啓す…謙譲語。「（皇后・中宮に）申し上げる」。相手は必ず「皇后・中宮」。敬意の方向は、書き手（作者）または話し手から皇后・中宮に対して。

▼**多方面(二方面)への敬語**……同時に複数の人に敬意を表すこともある。その際には、謙譲語・尊敬語・丁寧語を同時に用い、それぞれへの敬意を表す。

例　「AがBに花を奉り給ひ侍り。」
(「AがBに花を差し上げなさいます。」)

①**謙譲語「奉り」**…話し手から動作の受け手(客体)であるBに対する敬意を表す。

②**尊敬語「給ひ」**…話し手から動作をする人(主体)であるAに対する敬意を表す。

③**丁寧語「侍り」**…話し手から聞き手に対する敬意を表す。

敬語の順番

敬語が重なる場合、**謙譲語→尊敬語→丁寧語**の順になる。

「謙譲語＋尊敬語＋丁寧語」とすべて使うことはまれであるが、この順番は崩れない。「謙譲語＋尊敬語」「謙譲語＋丁寧語」「尊敬語＋丁寧語」と二種類の敬語を使って二方面への敬意を表すことがほとんど。

「謙譲語＋尊敬語」のおもな例

申し給ふ(＝申し上げなさる)
聞こえ給ふ(＝申し上げなさる)
奉り給ふ(＝差し上げなさる)
参り給ふ(＝参上なさる)
まかで給ふ(＝退出なさる)

基本問題

88 さまざまな敬語表現　解答➡別冊 *p.45*

次の傍線部の敬語の種類と意味(終止形で答える)と敬意の方向を答えよ。

(1) 女御、更衣(帝に)あまた(a)さぶらひ (b)たまひける中に、(源氏物語)

(2) (かぐや姫は)いみじく静かにおほやけ(＝帝)に御文(a)奉り (b)給ふ。(竹取物語)

? アドバイス

88 重ねて用いられている敬語の種類を見分ける。

応用問題

解答➡別冊 p.45

89 次の空欄に入る語を後から選べ。

「上のおぼつかながりきこえさせたまふを、まづ見たてまつりて（　）はべらむ。」と聞こえたまへど、（九州大）

ア 申し　イ 仰せ　ウ 啓し　エ 聞こえ　オ 奏し

90 次の文の文法的説明として最も適当なものを後から一つ選べ。 差がつく （センター試験／改）

御所(＝帝)もいまだ御夜にも<u>ならせおはしまさず</u>、

ア 「なら」は動詞、「せ」は助動詞で使役を表し、「おはしまさ」は尊敬の補助動詞、「ず」は助動詞で打消を表す。

イ 「なら」は動詞、「せ」は助動詞で尊敬を表し、「おはしまさ」は尊敬の補助動詞、「ず」は助動詞で打消を表す。

ウ 「ならせ」は動詞、「おはしまさ」は丁寧の補助動詞、「ず」は助動詞で打消を表す。

エ 「ならせ」は動詞、「おはしまさ」は尊敬の補助動詞、「ず」は助動詞で打消を表す。

オ 「ならせ」は動詞、「おはし」は尊敬の補助動詞で、「まさ」は助動詞で丁寧、「ず」は助動詞で打消を表す。

? アドバイス

90 「せ」＋「おはします」は、二重尊敬の形。

長文問題 徒然草（九月二十日のころ）

解答⬇別冊 p.46

◎次の文章を読んで、後の問いに答えよ。

九月二十日のころ、ある人に誘はれたてまつりて、明くるまで月見ありくことはべりしに、おぼしいづる所ありて、案内せさせて入りたまひぬ。荒れたる庭の露しげきに、わざとならぬにほひ、しめやかにうちかをりて、しのびたるけはひ、いとものあはれなり。

よきほどにて出でたまひぬれど、なほことざまの優におぼえて、物のかくれよりしばし見ゐたるに、妻戸をいま少し押し開けて、月見る気色なり。やがてかけこもらましかば、口惜しからまし。あとまで見る人ありとは、いかでか知らん。かやうのことは、ただ朝夕の心づかひによるべし。その人、ほどなく失せにけりと聞きはべりし。

（「徒然草」第三二段）

語注

▼妻戸＝寝殿造りにある両開きの戸。

▼かけこもる＝（妻戸の）掛け金をかけて奥へ引きこもる。

問一 傍線部a「九月」（旧暦）b「案内」c「妻戸」d「気色」の読みを答えよ。

問二 傍線部①「たてまつり」②「はべり」③「たまひ」の敬語の種類、敬意の方向を答えよ。

問三 傍線部④「見」⑤「見る」は誰の動作か、次から選べ。

ア ある人　イ この家の女主人

ウ 作者　エ 侍女

問四 傍線部A「よきほど」とは何についてか、次から最も適当なものを選べ。

ア 女主人の身分

イ 女主人の教養

ウ ある人の立ち寄った時間

エ 作者と女主人との距離

オ 女主人への愛情の程度

問五 傍線部B「やがてかけこもらましかば、口惜しからまし」C「あとまで見る人ありとは、いかでか知らん」を現代語訳せよ。

問六 傍線部D「朝夕の心づかひ」の表れを本文中から二つ書き抜け。 発展

30 訓読のきまり

★テストに出る重要ポイント

▼**訓読**……漢字だけで書かれた漢文(白文)に、送り仮名や返り点・句読点などの訓点を付けて、日本語の語順で読解できるようにすること。漢文を正しく読めるように、訓読のきまりを理解する。

■送り仮名の付け方

漢字の右下にカタカナでつける。文語文法の規則に従い、歴史的仮名遣いでつける。

① 城春ニシテ草木深シ。（城春にして草木深し。）

→「深い」ではなく「深し」と読み、「シ」を送る。

再読文字(二度読む文字→*p.116*)は、最初の読みの送り仮名を漢字の右下に、二度目の読みの送り仮名を左下につける。

② 未(いま)ダルレ来タラ時。（未(いま)だ来たらざる時。）

■返り点

返り点は、漢文を日本語の語順で読むために、漢字の左下につける記号。次のような記号がある。

暗記ポイント!
漢文では、きちんと書き下し文にできることが大事。書き下し文の作り方をマスターする。

◆訓読の用語

白文＝漢字だけで書かれた文。
訓点＝送り仮名・返り点・句読点。
書き下し文＝漢字仮名交じりの文語文（＝古文）にした文。
現代語訳(口語訳)＝漢文を現代の日本語に直したもの。

現代語訳

① 町は春を迎えて、草木が生い茂っている。
② まだ来ていない時。

1 **レ点**……下の字からすぐ上の字に返る記号。

[2]レ [1]。　[3]レ [2]レ [1]。
※数字は読む順番を表す。

③ 読ムレ書ヲ。（書を読む。）

④ 少年易クレ老イ、学難シレ成リ。（少年老い易く、学成り難し。）

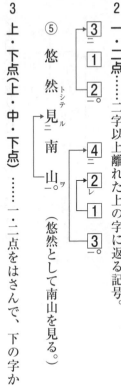

2 **一・二点**……二字以上離れた上の字に返る記号。

[3]二 [1] [2]一。　[4]二 [2]レ [1] [3]一。

⑤ 悠然トシテ見ル二南山ヲ一。（悠然として南山を見る。）

3 **上・下点（上・中・下点）**……一・二点をはさんで、下の字から上の字に返る記号。

[5]下 [3]二 [1] [2]一 [4]上。

⑥ 有リ下耕ス二田地ヲ一者上。（田地を耕す者有り。）

4 **甲・乙・丙点**……上・下点（上・中・下点）をはさんで、下の字から上の字に返る記号。

◆返り点

基本は、日本語と同じく上から下に読んでいくが、日本語の語順と違う場合にのみ、下から上に読む記号（返り点）を付ける。

返り点は、レ点と一・二点が基本。一・二点をはさむ場合は上・下点を、上・下点をはさむ場合は甲・乙・丙点を用いて区別する。

㆑点と㆖点は、それぞれレ点と一点、レ点と上点が重なった場合の記号である。

現代語訳

③ 書物を読む。

④ 若者はすぐに年をとるが、学問を身につけるのは難しい。

⑤ ゆったりとした気分で南山を眺めている。

⑥ 田畑を耕す者がいる。

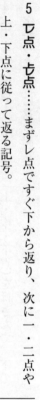

5 レ点・上下点……まずレ点ですぐ下から返り、次に一・二点や上・下点に従って返る記号。

[7]下 [4]二 [1] [3]レ [2] [6]上 [5]。

⑦ 冀(こひねがフ)二 復(まタ) 得(えンコトヲ)一レ 兎(うさぎヲ)。（復(ま)た兎(うさぎ)を得んことを冀(こひねが)ふ。）

6 ー(ハイフン)……二字の熟語に返るとき、熟語の間にハイフンを用い、返り点は二字の間につける。

[2]二-[3] [1]一。

⑧ 三二-省(ス) 吾(ガ) 身(ヲ)一。（吾が身を三省(さんせい)す。）

■書き下し文の作り方

書き下し文は、漢文を返り点に従って訓読し、漢字仮名交じりの文語文に直したもの。次のような手順で作る。

1 漢字は上から順に読むが、返り点があればそれに従う。

2 漢字はそのまま書き、送り仮名は平仮名に直す。送り仮名は歴史的仮名遣いのままで書き下す。

現代語訳

⑦ またウサギを得ることを願った。

⑧ 何度もわが身を反省する。

漢文

⑨ 有(レバ)レ 備(ヘ) 無(シ)レ 憂(うれヒ)。

書 備へ有れば憂ひ無し。

3 ただし、日本語の助詞、助動詞にあたる漢字は平仮名に直す。

⑩ 光 陰 者(は) 百 代 之(の) 過 客(ナリ)。

書 光陰は百代の過客なり。

⑪ 一 寸(ノ) 光 陰 不(ず)レ 可(べカラ)レ 軽(かろンズ)。

書 一寸の光陰軽んずべからず。

4 読まない漢字（置き字）は書かない。

⑫ 良 薬(ハ) 苦(シ)ニ 於 口(ニ)一。

書 良薬は口に苦し。

5 再読文字（二度読む文字→*p.116*）は、最初は漢字仮名交じりで書き、二度目は平仮名で書き下す。

⑬ 君 未(いまダ/ず)レ 知(ラ)レ 戦(ヒヲ)。

書 君未だ戦ひを知らず。

❁置き字

訓読するときには読まない漢字。ただし、文章によっては読む場合もあるので注意する。

於・于・乎……方向・時・対象・比較・受身・起点などを表す。読む場合、「於」は「おケル」「おイテ」と読んで場所・時間・関係などを、「乎」は「か」「や」「かな」と読んで疑問・反語・詠嘆などを表す。

而……順接・逆接を表す。読む場合、「しかうシテ」「しかモ」「しかルニ」「しかレドモ」と読んで接続を表す。「なんぢ」と読む場合もある。

矣・焉……断定・強調を表す。読む場合、「矣」は「かな」と読んで詠嘆を、「焉」は「これ」「いづクンゾ」などと読む。

現代語訳

⑨ 準備をしていれば心配することはない。

⑩ 月日は永遠に歩き続ける旅人である。

⑪ わずかな時間も無駄にしてはならない。

⑫ 良薬は飲むと苦い。

⑬ 君はまだ戦いを知らない。

基本問題

解答➡別冊 p.48

91 返り点

返り点に従って読む順番を数字で書き入れよ。

(1) □レ□レ□。

(2) □レ□二□□一。

(3) □二□□一レ□。

(4) □下□□中□二□□一□上。

(5) □二‐□□一レ□。

92 返り点

次の語順に従って返り点を施せ。

(1) 3 1 2 6 4 5。

(2) 6 5 1 2 4 3。

(3) 6 4‐5 3 1 2。

93 書き下し文

次の漢文を書き下し文にせよ。

(1) 傍(ラニ)若(ごとシ)レ無(キガ)レ人。

(2) 直(たダ)不(ざル)二百歩(ナラ)一耳(のみ)。

(3) 敢(あヘテ)不(ざラン)レ走(ラ)乎(や)。

？アドバイス

91 返り点の働きをひとつひとつおさえる。慣れるまでは、矢印を書くなどするとよい。

92 どの語(四角)からどの語に返るかを確認し、一つ返るのか、二つ以上返るのかなどに注意して返り点をつける。

93 返り点に注意して語順を正しくおさえる。助詞や助動詞を平仮名にすることを忘れない。

(4)　青ハ取リテ二之これヲ於藍ヨリ一、而青シ二於藍ヨリモ一。

(5)　千里ノ馬ハ常ニ有レドモ、而伯楽ハ不ず二常ニハ有ラ一。

応用問題

94　次の書き下し文を参考にして白文に訓点を施せ。

(1)　瓜田かでんに履くつを納いれず、李下りかに冠を正さず。

瓜　田　不　納　履　李　下　不　正　冠

(2)　虎穴に入らずんば、虎子を得ず。

不　入　虎　穴　不　得　虎　子

(3)　寧むしろ鶏口けいこうと為るとも、牛後ぎゅうごと為ること無かれ。

寧　為　鶏　口　無　為　牛　後

(4)　児孫の為に美田を買はず。

不　為　児　孫　買　美　田

(5)　快刀を揮ふるひて乱麻を断つがごとし。

如　揮　快　刀　断　乱　麻

解答⬇別冊 p.48

?アドバイス

94　書き下し文を見て、白文の語順を読み取る。平仮名になっている助詞や助動詞に注意する。

31 再読文字

★テストに出る重要ポイント

▼再読文字……二度読まれる字。右側の副詞を読み、下の語を読んだ後、左側の助動詞や動詞を読む。右側の副詞は漢字で書き下し、左側の助動詞や動詞は平仮名で書き下す。

■再読文字

1 未（いまダ／ず）二〜一（セ）。
書 未（いま）だ〜（せ）ず。
訳 まだ〜しない。

2 将（まさニ／す）二〜一（ントス）。
且（まさニ／す）二〜一（ントス）。
書 将（まさ）に〜（んと）す。
且（まさ）に〜（んと）す。
訳 今にも〜しようとする。今にも〜しそうだ。
〜するつもりだ。

3 当（まさニ／ベシ）二〜一（ス）。
書 当（まさ）に〜（す）べし。
訳 当然〜すべきだ。

4 応（まさニ／ベシ）二〜一（ス）。
書 応（まさ）に〜（す）べし。
訳 きっと〜のはずだ。おそらく〜だろう。

暗記ポイント！
再読文字の用法を理解する。おもな再読文字の読み方と意味をおぼえる。

●再読文字の読み方

再読文字は、返り点が付いていてもまず先に読まなければならないので注意する。

①未（いまダ）③（ず）二 ②〜一（セ）

① 一度目は、右側の送り仮名を使って副詞として漢字で書き下す。
② 返り点に従って、下の文字を読んで戻ってくる。
③ 二度目は、左側の送り仮名を使って助動詞や動詞として平仮名で書き下す。

5　宜(よろシク)二 ～ 一(ス)(ベシ)。
書　宜(よろ)しく～(す)べし。
訳　～するのがよい。

6　須(すべかラク)二 ～ 一(ス)(ベシ)。
書　須(すべか)らく～(す)べし。
訳　ぜひ～する必要がある。

7　猶(なホ)二 ～ 一(ノ)(ごとシ)。
書　猶(な)ほ～(の)ごとし。
訳　ちょうど～のようだ。

8　盍(なんゾ)二 ～ 一(セ)(ざル)。
書　盍(なん)ぞ～(せ)ざる。
訳　どうして～しないのか(、～すればよい)。

基本問題

95 再読文字

次の文を書き下せ。

(1) 未(ダ)レ足(ラ)二与(ともニ)議(スルニ)一也。(論語)

(2) 天将(ニ)下以(テ)二夫(ふう)子(しヲ)一為(サント)中木(ぼく)鐸(たくト)上。(論語)

(3) 田園将(ニ)レ蕪(あレント)。(陶潜・帰去来)

(4) 引(キテ)レ酒(ヲ)且(ニ)レ飲(マント)レ之(ヲ)。(戦国策)

(5) 及(ンデ)レ時(ニ)当(ニ)二勉励(ス)一。(陶潜・雑詩)

(6) 応(ニ)レ知(ル)二故郷(ノ)事(ヲ)一。(王維・雑詩)

? アドバイス

95 再読文字をきちんと二度読む。二度目は平仮名にするのを忘れない。

解答➡別冊 *p.49*

(7)　行楽須ラクシレ及ブレ春ニ。（李白・月下独酌）

(8)　惟(ただ)仁者ノミ宜シクシレ在ル二高位ニ一。（孟子）

(9)　過ギタルハ猶ホシレ不ルガレ及バシ。（論語）

(10)　盍ゾル三各(おのおの)言ハ二爾(なんぢ)ノ志ヲ一。（論語）

96　再読文字

次の書き下し文を参考に、後の白文に訓点を施せ。

(1)　将に其の食を限らんとす。

将限其食。（列子）

(2)　君に勧む、須らく少年の時を惜しむべし。

勧君、須惜少年時。（杜秋娘・金縷衣）

応用問題

97　「当極怒嘔血。」は「当(まさ)に怒りを極(きは)めて血(ち)を嘔(は)かしむべし。」と読む。どのように返り点をつけるのがよいか。最も適当なものを次から選べ。〈差がつく〉（センター試験）

ア　当二極怒レ嘔レ血。

イ　当極レ怒レ嘔血。

ウ　当二極レ怒嘔血一。

エ　当レ極二怒嘔一血。

オ　当二極レ怒嘔レ血。

解答➡別冊 p.50

？アドバイス

96 再読文字「将」「須」の左右に正しく訓点をつける。

？アドバイス

97 再読文字の二度目の読みに注意して正しいものを選ぶ。

長文問題　論語・春秋左氏伝

解答➡別冊 p.50

一　次の文章を読んで、後の問いに答えよ。

葉公問孔子於子路。(A)子路不レ対(①)。子(a)曰ク、「女(b)(なんぢ)奚(なんゾ)不レ曰ハ、『其(c)ノ為レ人(B)也(や)、発レ憤リテ忘レ食ヲ、楽シミテ以テ忘レ憂ヒヲ、不知老之将至(C)。』云(しか)爾(いフト)。」

（「論語」）

語注
- ▼**葉公**＝楚の葉という地方の長官。
- ▼**子路**＝孔子の弟子。
- ▼**発憤**＝学問をしていてわからないところがあると、理解しようとして心をふるいたたせ。
- ▼**云爾**＝このようなものだ。

問一　傍線部①「対」の読みを送り仮名を含めて答えよ。また、意味を答えよ。

問二　傍線部A「葉公問孔子於子路。」は「葉公孔子を子路に問ふ。」と書き下す。これに従って訓点を施せ。

問三　a「子」b「女」c「其」はそれぞれ誰をさすか、次から選べ。（同じ記号を用いてもよい。）

ア　葉公　イ　孔子　ウ　子路　エ　弟子たち
オ　老い

問四　傍線部B「為人」の読みとして最も適当なものを次から選べ。

ア　ひとのため　イ　ひととなす
ウ　ひとをつくる　エ　ひととせらるる
オ　ひととなり

問五　傍線部C「不知老之将至。」は「老いの将に至らんとするを知らず。」と書き下す。これに従って返り点を施せ。　差がつく

二 次の文章を読んで、後の問いに答えよ。

宋公及(と)二[a]楚人一戦(フ)二于泓(わうニ)一。[b]宋人既(ニ)成(シ)レ列(ヲ)、楚人未(ダ)二既(ニ)済(わたラ)一。司馬曰(ク)、「彼(ハ)衆(おほク)我(ハ)寡(すくなシ)。[A]及其未既済也、請(フ)撃(タント)レ之(ヲ)。」公曰(ク)、「不可(ナリト)。」既(ニ)済(リテ)而未(ダ)レ成(サ)レ列(ヲ)。又以(テ)告(グ)。公曰(ク)、「未(ダ)レ(ト)可(ナラ)。」既(ニ)陳(ぢんシテ)而後(ニ)撃(ツ)レ之(ヲ)。宋[c]師敗続(シ)、公傷(ツキ)レ股(ニ)、門官殲(つク)焉。国人皆咎(とがム)レ公(ヲ)。公曰(ク)、「君子(ハ)不レ重(ネ)レ傷(ヲ)、不レ禽(とりこニセ)二二毛(ヲ)一。古(いにしへ)之為(ス)レ軍(ヲ)也(や)、不(ル)レ以(もちヒ)レ阻(そスルヲ)レ隘(あいニ)也。[d]寡人雖(いへどモ)二亡国之余(ト)一、不(ト)レ鼓(セ)レ不(ルニ)レ成(サ)レ列(ヲ)。」子魚曰(ク)、「[B]君未(ダ)レ(ト)知(ラ)レ戦(ヒヲ)。」

(「春秋左氏伝」)

語注

▼宋公＝春秋時代の宋の襄公。
▼泓(わう)＝川の名。
▼成列＝軍隊を並べる。つらねる。
▼司馬＝軍官。軍事をつかさどる官。
▼陳＝陣。軍隊の配置。隊列を整える。
▼門官＝王の左右を守護する役人。
▼二毛＝白髪まじりの老人。
▼阻隘＝狭く貧しいところで敵を苦しめる。
▼亡国＝周によって滅ぼされた殷をさす。宋はその子孫が建てた国。
▼鼓＝太鼓を打って攻撃すること。

問一　傍線部a「楚人」b「宋人」の読みと意味を答えよ。

問二　傍線部c「師」の意味を答えよ。

問三　傍線部d「寡人」はここでは誰をさすか。文中の語で答えよ。

問四　傍線部A「及其未既済也、」は「其の未だ既に済らざるに及び、」と書き下す。これに従って返り点を施せ。

問五　傍線部B「君未知戦。」について、次の問いに答えよ。

(1)　「君未知戦。」を書き下せ。差がつく

(2)　子魚はなぜこのように言ったのか。その理由として最も適当なものを次から選べ。発展

ア　宋公が戦争に負けることを恐れて、兵士たちに出撃の命令を出さなかったから。

イ　自分は亡国の子孫だからと言って、戦争に負けた責任を取ろうとしなかったから。

ウ　戦争はお互いに隊列を整えてはじめるものなのに、宋公がそうしなかったから。

エ　宋公が敵の君主の傷がまだ浅いうちに攻撃を仕掛けて、かえって負けてしまったから。

オ　宋公が古の君主の戦法を尊び、敵につまらぬ情けをかけてしまったから。

? アドバイス

問四　問五 (1)　再読文字「未」に注意する。

32 受身形

✪テストに出る重要ポイント

▼**受身形**……他からの動作を働きかけられる意味を表す。「見」「被」の助字や「為〜所〜」の形をとる。また、「於」の助字を用いたり、文脈から受身に読まなければならない場合もある。

暗記ポイント！
受身形の用法を理解する。受身となるパターンをおぼえる。

■受身形

1 見ル二〜一。　書 〜る。（四段・ナ変・ラ変未然形＋る）
被ル二〜一。　〜らる。（右以外の未然形＋らる）
訳 〜される。

※「見」「被」（まれに「為」「所」）を「る」「らる」と読んで、平仮名で書き下す。

2 為ナル三A（名詞）ノ所ト二〜スル一。　書 Aの〜する所と為る。　訳 Aに〜される。

3 〜ル二於A（名詞）ニ一。　書 Aに〜る・らる。　訳 Aに〜される。

※「〜ル」は、「見る（被る）二〜一」となることもある。

✪「為A所〜。」

「為ナル三Aノ所ト二〜スル一。」は、「為ために レAノ所る二〜一。」として、「Aの為に〜る」と読むことがある。どちらも意味は、「Aに〜される」。

4 次のような動詞が用いられた場合、文脈上受身で読む。

- 叙（じょ）セラル　書 叙せらる。　訳 官職を授けられる。
- 封（ほう）ゼラル　書 封ぜらる。　訳 領地を与えられる。
- 任（にん）ゼラル　書 任ぜらる。　訳 任命される。
- 謫（たく）セラル　書 謫せらる。　訳 官位を下げ、流刑にされる。
- 貶（へん）セラル　書 貶せらる。　訳 官位を下げられる。
- 配（はい）セラル　書 配せらる。　訳 島流しにされる。

基本問題

98 受身形

次の文を書き下せ。

(1) 厚キ者ハ被レ戮（りく）セ、薄キ者ハ見レ疑ハ。（韓非子）

(2) 労スレ心ヲ者ハ治メレ人ヲ、労スレ力ヲ者ハ治メラル二於人一ニ。（孟子）

(3) 先ンズレバ即（すなは）チ制シレ人ヲ、後（おく）ルレバ即チ為ル二人ノ所ト一レ制スル。（史記）

(4) 嘗（かつ）テ遊ビレ楚ニ、為ル二楚ノ相ノ所ト一レ辱（はづか）シムル。（十八史略）

(5) 誹謗スル者ハ族セラレ、偶語スル者ハ棄市セラル。（史記）

？アドバイス

98 受身の形を見抜いて書き下し文にする。

解答➡別冊 p.52

応用問題

99 「有蛇螫殺人、為冥官所追議、法当死。」の返り点の付け方と書き下し文の組み合わせとして最も適当なものを次から選べ。（センター試験）

ア 有レ蛇螫殺レ人、為三冥官所二追議一、法当レ死。
蛇有りて螫（か）みて人を殺し、冥官の追議する所と為（な）り、法は死に当たる。

イ 有レ蛇螫殺レ人、為二冥官所追議一、法レ当レ死。
蛇有りて螫みて人を殺さんとし、冥官の所も追議を為すは、死に当たるに法（のっと）る。

ウ 有レ蛇螫殺人、為二冥官一所二追議一、法レ当レ死。
蛇有りて螫まれ殺されし人、冥官と為りて追議する所は、死に当たるに法（のっと）る。

エ 有二蛇螫一殺人、為三冥官所二追議一、法レ当レ死。
蛇の螫むこと有らば殺す人、冥官の追議する所の為に、死に当たるに法（のっと）る。

オ 有レ蛇螫殺人、為冥官所二追議一、法当レ死。
蛇有りて螫まれ殺されし人、為に冥官の追議する所にして、法は死に当たる。

（注）冥官＝冥界の役人。　追議＝死後、生前の罪を裁くこと。

? アドバイス

99 受身の形を見抜いて選ぶ。

解答➡別冊 p.53

長文問題 後漢書

解答➡別冊 p.53

◎次の文章を読んで、後の問いに答えよ。

陳寔、字仲弓、潁川許人也。寔在郷閭、平心率物。其有争訟、輒求判正。暁譬曲直、退無怨者。至乃歎曰、「寧為刑罰所加、不為陳君所短。」時歳荒民倹。有盗夜入其室、止於梁上。寔陰見、乃起自整払、呼命子孫、正色訓之曰、「夫人不可不自勉。不善之人、未必本悪。習以性成、遂至於此。梁上君子者是矣。」盗大驚、自投於地、稽顙帰罪。

（「後漢書」）

語注

▼陳寔＝後漢の人。
▼郷閭＝郷里。
▼率物＝物事を導く。
▼争訟＝訴訟を起こして争うこと。
▼輒＝そのたびごとに。
▼暁譬＝わかりやすく諭す。
▼曲直＝間違いと正しさ。
▼短＝そしる。欠点をあげて悪く言う。非難する。
▼倹＝貧しい。凶作。
▼盗＝盗人。
▼梁＝はり。うつばり。
▼乃＝そこで。
▼整払＝身なりを整える。
▼勉＝勉める。励む。
▼稽顙＝額を地につけて敬礼する。

問一　傍線部b「陰」d「訓」の読みとして最も適当なものを次から選べ。

bア　わづカニ　イ　ひそカニ　ウ　にはカニ
エ　しづカニ　オ　はるカニ

dア　あたへテ　イ　となへテ　ウ　こらへテ
エ　をしへテ　オ　たとへテ

問二　傍線部a「歳荒」c「正色」の意味として最も適当なものを次から選べ。

aア　政治が乱れて　イ　乱世になって
ウ　戦争になって　エ　疫病がはやって
オ　凶作になって

cア　改まった顔つきになり　イ　真っ青な顔になり
ウ　憤りで顔色を変え　エ　不機嫌な顔になり
オ　物事の道理を説明し

問三　傍線部A「不為陳君所短。」は「陳君の短る所と為らず。」と読むが、これに従って返り点を施せ。また、現代語訳せよ。〈差がつく〉

問四　傍線部B「不可不自勉。」の書き下し文として最も適当なものを次から選べ。

ア　自ら勉めざれば可ならず。
イ　自ら勉めざれば可ならず。
ウ　勉によらざるべからず。
エ　自ら勉めざるべからず。
オ　自ら勉めざるべからず。

問五　傍線部C「梁上君子」と呼んだのはなぜか。最も適当なものを次から選べ。〈発展〉

ア　盗人が梁の上にいただけで、まだ盗みを働いていないから。
イ　盗人の様子が悪人らしくなく、身なりも整っていたから。
ウ　盗人といえども、生まれた時から悪人だったわけではないから。
エ　盗人の心を和らげるため、丁寧な言い方をしようとしたから。
オ　盗人も善悪をこえた目で見る時、君子と同一視できるから。

問六　傍線部C「梁上君子」という語は、現在どのような意味で用いられているか。最も適当なものを次から選べ。

ア　将来性に富む若者　イ　貧しさのゆえの罪人
ウ　盗人　エ　役人　オ　人徳のある人

33 使役形

★テストに出る重要ポイント

▼使役形……ある人が他の人にある動作をさせる意味を表す。「使」「令」の助字や「命」などの使役を暗示する語を用いる。また、文脈から使役に読まなければならない場合もある。

■使役形

1　使(しム)ニA(名詞)(ヲシテ)～(セ)一。　書 Aをして～(せ)しむ。
　令(しム)ニA(名詞)(ヲシテ)～(セ)一。　訳 Aに～させる。

※「使」「令」のほか、「教」「遣」を「しむ」と読んで、平仮名で書き下す。

2　命(ジテ)ニA(名詞)(ニ)～(セシム)一。　書 Aに命じて～(せ)しむ。
　訳 Aに命令して～させる。

※使役を暗示する語には、「命」のほか「遣(つかハシテ)」「召(めシテ)」などがある。

暗記ポイント！
使役形の用法を理解する。使役となるパターンをおぼえる。

✿文脈から使役に読む場合

「使」「令」や「命」などがなくても、文脈から使役に読む場合もある。

例　燕(えん)資(シ)レ之(ニ)、以(テ)至(ラシム)レ趙(てうニ)。

書 燕之に資し、以て趙に至らしむ。

訳 燕は彼に金品を与え、趙(ちょう)に行かせた。

→燕の国が出資して、趙の国に彼を派遣したという文脈から、「至らしむ」と使役で読む。

基本問題

100 使役形

次の文を書き下せ。

(1) 使ム二子路ヲシテ問ハ一レ之ヲ。（礼記）

(2) 天帝使ム三我ヲシテ長タラ二百獣ニ一。（戦国策）

(3) 命ジテ二故人ニ一書セシムレ之ヲ。（陶潜・飲酒序）

解答➡別冊 p.55

?アドバイス

100 使役の形を見抜いて書き下し文にする。

応用問題

101 「使二相償一レ之。」は「相（田叔（でんしゅく））の手で銭を弁償させようとした。」という意味である。どのように読むのが正しいか。最も適当なものを次から選べ。（センター試験）

ア　相をしてこれを償ふ。
イ　相をしてこれを償はしむ。
ウ　相をしてこれを償ふべし。
エ　相をつかひてこれを償ふ。
オ　相をつかひてこれを償はしむ。
カ　相をつかひてこれを償ふべし。

102 「幸無使王烈聞之。」は「幸はく（ねが）は王烈をして之を聞かしむること無かれ。」と読む。どのように返り点を付けるのがよいか。最も適当なものを次から選べ。（センター試験）

ア　幸無二使王烈聞一レ之。
イ　幸無下使二王烈一聞上之。
ウ　幸無レ使二王烈聞一之。
エ　幸無レ使二王烈一聞レ之。
オ　幸無レ使二王烈聞一レ之。

解答➡別冊 p.55

?アドバイス

101 助字「使」の読み方に注意する。

102 使役の用法に注意して選ぶ。

34 否定形

テストに出る重要ポイント

- **否定形**……動作や状態を否定する意味を表す。「不（弗）」「非」「無（莫）」の助字を用いる。否定を重ねる二重否定や全体の一部を否定する部分否定の形に注意する。

■否定形

1 不〔ず〕（弗〔ず〕）二〜一。　書 〜ず。　訳 〜（し）ない。

2 無〔なシ〕（莫〔なシ〕）二〜一。　書 〜無〔な〕し。　訳 〜（が）ない。

3 非〔あらズ〕二〜一〔ニ〕。　書 〜（に）非〔あら〕ず。　訳 〜（で）ない。

4 勿〔なカレ〕（無〔なカレ〕・莫〔なカレ〕）二〜一〔コト〕。　書 〜（こと）勿〔な〕かれ。　訳 〜するな。〜してはいけない。

※「勿〔なカレ〕（無〔なカレ〕・莫〔なカレ〕）」は「禁止の形」ともいう。

暗記ポイント！

否定形の用法を理解する。二重否定、部分否定の形をおぼえる。

「未」「盍」

再読文字の「未」は「未〔いま〕だ〜ず」、「盍」は「盍〔なん〕ぞ〜ざる」と書き下し、否定の意味を含む。

■二重否定の形

否定の助詞を二つ重ねて用いる形。強い肯定を表す。

1 無レ不ニ〜一。 書 〜ざる(は・こと)無し。
訳 〜(し)ないことはない。

2 非レ不ニ〜一。 書 〜ざるに非ず。
訳 〜(し)ないのではない。

3 無レ非ニ〜一。 書 〜(に)非ざる無し。
訳 〜でないことはない。

■部分否定の形

全体の一部を否定する形。一部否定とも言う。

1 不ニ常ニハ〜一。 書 常には〜ず。
訳 いつも〜とは限らない。
※「常ニ不ニ〜一」だと、「常に〜ず(＝いつも〜しない)」。

2 不ニ必ズシモ〜一。 書 必ずしも〜ず。
訳 必ずしも〜とは限らない。
※「必ズ不ニ〜一」だと、「必ず〜ず(＝必ず〜しない)」。

3 不ニ復タ〜一。 書 復た〜ず。
訳 二度とは〜しない。
※「復タ不ニ〜一」だと、「復た〜ず(＝今度もまた〜しない)」。

●部分否定と全部否定

副詞と否定詞の位置関係によって、否定する範囲が変わるので注意する。

否定詞が副詞の下にあれば、動作や状態を全面的に否定する形となり、これを**全部否定**という。

反対に、否定詞が副詞の上にあれば、副詞を否定する形となり、全部を否定することにはならないので、これを**部分否定**という。

副詞の送り仮名の付け方を変えて書き下す。

全部否定 常ニ不レ有ラ。 常に有らず。
↓「常に(＝いつも)」「有らず」という状態である。「いつもない」。

部分否定 不ニ常ニハ有ラ一。 常には有らず。
↓「常に有る」という状態ではない(＝不)。「いつもあるとは限らない」。

基本問題

解答➡別冊 p.55

103 否定形

次の文を書き下せ。

(1) 歳月ハ不レ待タレ人ヲ。（陶淵明・雑詩）

(2) 有レバレ備ヘ無シレ患(うれ)ヒ。（書経）

(3) 無キハ二惻(そく)隠(いん)之心一、非ザルレ人ニ也。（孟子）

(4) 己ノ所レ不ルレ欲セ、勿カレレ施スコト二於人ニ一。（論語）

(5) 子無カレ二敢ヘテ食ラフコトレ我ヲ也。（戦国策）

104 二重否定・部分否定の形

次の文を書き下せ。

(1) 於イテレ物ニ無キレ不ルレ陥(とほ)サ也。（韓非子）

(2) 非ザルレ不ルニレ悪(にく)マレ寒キヲ也。（韓非子）

(3) 千里ノ馬ハ常ニ有レドモ、而伯楽ハ不二常ニハ有ラ一。（韓愈・雑説）

(4) 師ハ不三必ズシモ賢ナラ二於弟(てい)子ヨリ一。（韓愈・師説）

(5) 兎(うさぎ)不レ可ベカラ二復タ得(う)一。（韓非子）

？アドバイス

103 否定の形を見抜いて書き下し文にする。

104 二重否定、部分否定の形を見抜いて書き下し文にする。

応用問題

105 次の一文はどういう意味か。もっとも適切なものを後から選べ。（上智大／改）

非ズ二以テレ無キヲレ人而不ルニレ芳(かんば)シカラ。

ア　見てくれる人がいてはじめて、芳しい花の存在が知られるわけではない。
イ　見てくれる人が現れるかどうかで、花がその香りを変えることはない。
ウ　見てくれる人がいないからといって、芳しい香りを漂わせないわけではない。
エ　人が見てくれることを求めて、芳しい香りを発するわけではない。

106 次の一文を現代語訳せよ。（岐阜大／改）

貨ハ悪(にく)メドモ三其ノ棄テラルルヲ二於地ニ一也、不三必ズシモ蔵(おさ)メ二於己ニ一。

（注）棄＝むだに捨てる。　蔵＝しまっておく。

107 次の文の意味として最も適当なものを一つ選べ。**差がつく**（センター試験）

更ニ不二復タ蘇一ラ。

ア　二回しか生き返らなかった。
イ　今度もまた生き返らなかった。
ウ　二度と生き返らなかった。
エ　二度目では更正しなかった。
オ　今度はもう生き返らなかった。

？アドバイス

105「非不～」は、二重否定の形。
106「不必～」は、部分否定の形。
107「不復～」は、部分否定の形。正確に訳しているものを選ぶ。

解答➡別冊 p.56

長文問題　西京雑記(せいけいざっき)

解答➡別冊 p.57

◎次の文章を読んで、後の問いに答えよ。

元帝ノ後宮既ニ多ク、不レ得ニ常ニハ見(まみ)ユルヲ一。[a]乃チ[A]使ニ画工ヲシテ図カ形ヲ一、案ジテレ図ヲ召ニ幸スレ之ヲ一。諸宮人皆路(まひなひ)スニ画工ニ一。多キ者ハ十万、少ナキ者モ亦(また)不レ減ゼ二五万ヲ一。独(ひと)リ王嬙(わうしやう)ノミ[B]不レ肯(がへん)ゼ。[b]遂ニ[C]不レ得レ見ユルヲ、匈奴(きようど)入朝シ、求メテ二美人ヲ一為サント二閼氏(あつし)ト一。[c]於レ是ニ上案ジテレ図ヲ、以テ二王嬙ヲ一行カシム。及ビテレ去ルニ召見セラルルニ、貌為リ二後宮第一ト一。善クシ二応対ヲ一、[d]挙止閑雅ナリ。帝悔ユルモレ之ヲ而名籍已(すで)ニ定マル。帝重ンズ二信ヲ於外国ニ一。故ニ[D]不二復タ更(あらた)メ一レ人ヲ。乃チ窮二案シ其ノ事ヲ一、画工皆棄市セラル。籍スルニ二其ノ家資ヲ一、皆巨万ナリ。

（「西京雑記」）

語注

▼**召幸**＝呼んでかわいがる。
▼**諸宮人**＝多くの宮女たち。
▼**王嬙**（わうしやう）＝元帝の宮女。名は嬙（しやう）。字（あざな）は昭君。王昭君。
▼**匈奴**＝北方異民族。首長を単于（ぜんう）と称した。
▼**閼氏**（あつし）＝匈奴の単于（ぜんう）の妻。
▼**上**＝帝。ここでは元帝。
▼**召見**＝呼びだして見る。
▼**名籍**＝人の姓名や身分などを書き載せた台帳。名簿。
▼**窮案**＝罪状を徹底的に調べる。
▼**棄市**＝罪人を市中で死刑にし、死体をさらす。
▼**籍**＝家の財産を没収して帳簿に記入する。

問一 傍線部a「乃」b「遂」c「於是」の読みを送り仮名も含めて記せ。

問二 傍線部d「挙止」の「挙」と同じ意味で用いられた語を、次から選べ。

ア　挙国　イ　選挙　ウ　挙手

エ　列挙　オ　挙動

問三 傍線部A「使画工図形。」は「画工をして形を図かしむ。」と読むが、これに従って返り点を施せ。 差がつく

問四 傍線部B「不肯」とは何をしようとしなかったのか。最も適当なものを次から選べ。

ア　見　イ　案　ウ　図　エ　幸　オ　賂

問五 傍線部C「不得見」の理由として最も適当なものを次から選べ。

ア　他に美しい宮女が大勢いたので。

イ　美しく描かれていなかったので。

ウ　奥ゆかしく控えめな性格だったから。

エ　帝の寵愛を独占する宮女が他にいたから。

オ　醜い宮女たちに妬まれていたから。

問六 傍線部D「不復更人」の結果、王嬙(おうしょう)はどうなったか。最も適当なものを次から選べ。 発展

ア　元帝に寵愛されるようになった。

イ　元帝の後宮にとどめられた。

ウ　画家に肖像画を書き直してもらった。

エ　匈奴に嫁いで閼氏(あつし)となった。

オ　匈奴に美貌が知れ渡った。

?アドバイス

問四　「不肯」は、「したくない。承知しない。」の意味。

35 疑問形・反語形

★テストに出る重要ポイント

▼**疑問形**……疑問の助字や疑問詞を用いて、物事や場所・理由などを尋ねる形。

■疑問形

1　文末に疑問の助字を用いる。「体言・連体形＋か」。

～乎(か)　書 ～か。　訳 ～だろうか。

※「乎(か)」以外に、「邪(か)・也(か)・哉(か)・耶(か)」なども用いられる。

2　疑問詞を用いる。

何(なんゾ)～。　書 何(なん)ぞ～。　訳 どうして～か。

※「何(なんゾ)」以外に、「曷(なんゾ)・奚(なんゾ)・胡(なんゾ)」も用いられる。

何(なにヲカ)～。　書 何をか～。　訳 何を～か。

※「何(なにヲカ)」以外に、「奚(なにヲカ)」も用いられる。

暗記ポイント!

疑問形・反語形の用法を理解する。反語形となるパターンと訳し方をおぼえる。

疑問形と反語形

反語形の特別な形を除いて、疑問形も反語形も同じ助字が用いられるので、疑問か反語かを形の上から区別することはできない。文脈から判別する必要がある。

何(いづレカ)～。　書 何(いづ)れか～。　訳 どちらが～か。

※「何(いづレカ)」以外に、「孰(いづレカ)」も用いられる。

安(いづクニカ)～。　書 安(いづ)くにか～。　訳 どこに～か。

※「安(いづクニカ)」以外に、「焉(いづクニカ)・悪(いづクニカ)」も用いられる。

誰(たれカ)～。　書 誰(たれ)か～。　訳 だれが～か。

※「誰(たれカ)」以外に、「孰(たれカ)」も用いられる。

何(なん)為(すレゾ)～。　書 何為(なんす)れぞ～。　訳 どうして～か。

▼反語形……疑問の形を用いて、その反対の意味を表し、意味を強調する形式。

■反語形

1　助字を用いる。

～ン乎(や)。　書 ～んや。　訳 ～だろうか、いや～でない。

※「乎(や)」以外に、「邪(や)・也(や)・哉(や)・耶(や)」も用いられる。

◆「何如(いかん)」と「如何(いかんセン)」

「何如(いかん)」と「如何(いかんセン)」はよく似ているが、意味が異なるので注意する。「何如」は、「いかん」と読んで「～はどうか」と状態・結果を問う。「如何」は、「いかんせん」と読んで「～はどうしようか」と方法を問う。なお、「如何」は目的語が間に入り、反語としても用いられる。

何如。　書 如何(いかん)　訳 ～はどうか。

如何(セン)。　書 如何(いかん)せん。　訳 ～はどうしようか。

2 副詞・疑問詞を用いる。

豈（あニ）〜（ン）乎（や）。　書 豈（あ）に〜んや。　訳 どうして〜だろうか、いや〜でない。

安（いづクンゾ）〜（ン）（乎（や））。　書 安（いづ）くんぞ〜ん（や）。　訳 どうして〜だろうか、いや〜でない。

※「安（いづクンゾ）」以外に、「寧（いづクンゾ）・焉（いづクンゾ）・悪（いづクンゾ）」も用いられる。

何（ゾ）〜（ン）（乎（や））。　書 何ぞ〜ん（や）。　訳 どうして〜だろうか、いや〜でない。

※「何（ゾ）」以外に、「曷（なんゾ）・奚（なんゾ）・胡（なんゾ）」も用いられる。

誰（たれカ）〜（ン）（乎（や））。　書 誰（たれ）か〜ん（や）。　訳 誰が〜だろうか、いや〜でない。

※「誰（カ）」以外に、「孰（たれカ）」も用いられる。

奈（い）何（かんゾ）〜（ン）（乎（や））。　書 奈何（いかん）ぞ〜ん（や）。　訳 どうして〜だろうか、いや〜でない。

※「奈何」以外に、「如何（いかんゾ）」も用いられる。

3 敢（あヘテ）不（ざラン）二〜（セ）一（乎（や））。　書 敢（あ）へて〜（せ）ざらん（や）。　訳 どうして〜しないだろうか、いや〜する。

※「敢不〜」とよく似ているが、「不敢〜」は否定を表し、「敢へて〜ず」と読み、「決して〜しない」という意味を表す。

基本問題

解答➡別冊 p.59

108 疑問形

次の文を書き下せ。

(1) 為(ニ)レ人(ノ)謀(はかリテ)而不レ忠(ナラ)乎(か)。（論語）

(2) 問(フ)レ君(ニ)何(ゾ)能(よク)爾(しかルト)。（陶潜・飲酒）

(3) 沛公安(いづクニカ)在(ル)。（史記）

(4) 何為(レゾ)不(ル)レ去(ラ)也(や)。（礼記）

(5) 以(テ)二五十歩(ヲ)一笑(ハバ)二百歩(ヲ)一、則(すなはチ)何如。（孟子）

109 反語形

次の文を書き下せ。

(1) 豈(ニ)遠(シトセン)二千里(ヲ)一哉(や)。（十八史略）

(2) 安(クンゾ)能(よク)為(つくラン)二之(これガ)足(ヲ)一。（戦国策）

(3) 燕(えん)雀(じゃく)安(クンゾ)知(ラン)二鴻(こう)鵠(こく)之志(ヲ)一哉。（十八史略）

(4) 王侯将相寧(クンゾ)有(ラン)レ種乎。（十八史略）

(5) 何遽(なんゾ)不(ラン)レ為(ラ)レ福(ト)乎。（淮南子）

(6) 如何(ゾ)不(ラン)二涙垂(レ)一。（白居易・長恨歌）

アドバイス

108 疑問の形を見抜いて書き下し文にする。

109 反語の形を見抜いて書き下し文にする。

110　反語形

次の漢文を現代語訳せよ。

(1) 敢ヘテ不ランレ走ラ乎。

(2) 不二敢ヘテ走一ラ。

応用問題

解答➡別冊 p.59

111　「身安得レ無レ死乎。」を書き下した場合、どのように読むのがよいか。最も適当なものを次から選べ。（恵王の臣下である荘善が、恵王のために、死地に赴こうとしている場面である。）　差がつく　（センター試験）

ア　身は安くんぞ死を無みすることを得んや。

イ　身は安くにか死すること無きを得たる。

ウ　身は安んじて死すること無きを得たり。

エ　身安くんぞ死する無きを得んや。

オ　身安んじて死するところ無きを得。

カ　身安んじて死を無みすることを得るか。

? アドバイス

111　「安～乎」を正しく書き下しているものを選ぶ。

36 抑揚形

暗記ポイント！
抑揚形の用法を理解する。書き下し方、訳し方をおぼえる。

★テストに出る重要ポイント

▼抑揚形……まず「AはBだ」と当然の内容をおさえておいてから(抑)、「ましてCはなおさらBだ」と言いたいことを取りあげて強調する(揚)形。

■抑揚形

1 Aスラ且(かツ)B。況(いはンヤ)Cヲ乎(や)。

書 Aすら且(か)つB。況(いは)んやCをや。

訳 AでさえBだ。ましてCはなおさら(B)だ。

※「且(かツ)」以外に、「猶(なホ)・尚(なホ)」も用いられる。

基本問題

112 抑揚形

次の文を書き下せ。

(1) 死馬スラ且ツ買フレ之ヲ。況ンヤ生ケル者ヲ乎。（十八史略）

解答➡別冊 p.60

?アドバイス

112 抑揚の形を見抜いて書き下し文にする。

(2) 庸人スラ尚ホ羞ハヅレ之ヲ。況ンヤ於おイテヲ二将相ニ一乎。（史記）

(3) 臣死スラ且ツ不レ避ケ。卮し酒しゅ安クンゾ足レ辞スルニ。（史記）

(4) 富貴ナレバ則チ親戚モ畏ゐ二懼くシ之ヲ一、貧賤ナレバ則チ軽二易ス之ヲ一。況ンヤ衆人ヲ乎。（十八史略）

応用問題

解答➡別冊 p.61

113 次の文の傍線部を平仮名ばかりで書き下せ。 差がつく

縦たとヒ人之善モ不レ可カラレ言フレ之ヲ、<u>況其悪乎</u>。

（早稲田大）

? アドバイス

113「況～乎」を正しく平仮名で書き下す。

長文問題　十八史略

解答➡別冊 p.61

◎ 次の文章を読んで、後の問いに答えよ。

燕昭王弔死問生、卑辞厚幣、以招賢者。問郭隗曰、「斉因孤之国乱、而襲破燕。孤極知燕小不足以a報。誠得賢士、与共国、以雪先王之恥、孤之願也。先生視可者。得身事之。」隗曰、「古之君有以千金使涓人求千里馬者。買死馬骨五百金而返。君怒。涓人曰、A『(1)死馬且買之。(2)況生者乎。馬今至矣。』(3)b不期年、千里馬至者三。今、王必欲c致士、B先従隗始。C況賢於隗者、豈遠千里哉。」於是昭王為隗改築宮、師事之。

語注

- ▼**燕**＝戦国時代の国名。
- ▼**昭王**＝在位は紀元前三一一〜二九七。
- ▼**弔死問生**＝戦死者を弔い、生存者や遺族を慰める。
- ▼**卑辞厚幣**＝へりくだった丁寧な言葉を使い、多くの贈り物を用意する。
- ▼**斉**＝戦国時代の国名。
- ▼**孤**＝王侯の謙称。
- ▼**雪**＝恥をすすぐ。雪辱する。
- ▼**先王之恥**＝昭王の父が斉に殺されたこと。
- ▼**視**＝示す。
- ▼**事**＝（主君や目上の人に）仕える。師事する。
- ▼**涓人**＝諸侯の左右に侍り、室内の掃除や取り次ぎをする、雑用係の小役人。
- ▼**千里の馬**＝一日に千里走る名馬。
- ▼**師事**＝先生としてその人に仕える。
- ▼**士**＝立派な人。優れた人。

於レ是ニ士争ヒテ趨レ燕ニ。

（「十八史略」）

学問・知識によって身を立てる人。春秋戦国時代以降に生じた、知識人。

問一 傍線部ａ「報」と同じ意味で用いられている語を次から選べ。

ア　報告　　イ　吉報　　ウ　報道　　エ　情報
オ　報復

問二 傍線部ｂ「期年」ｃ「致」の意味として最も適当なものを次から選べ。

ｂア　即刻　　イ　三ヶ月　　ウ　半年
エ　一年　　オ　一定の期間
ｃア　つかわす　　イ　差し出す　　ウ　与える
エ　きわめる　　オ　招く

問三 傍線部Ａ「死馬且買之。況生者乎。」を書き下し文にせよ。また、現代語訳せよ。　〈差がつく〉

問四 傍線部Ｂ「先従隗始」とはどういうことを言っているのか、最も適当なものを次から選べ。　発展

ア　まず、隗の意見に従ってから政治を行いなさい。
イ　まず、隗を従えて国内を視察しなさい。
ウ　まず、隗のようなものを優遇し重く用いなさい。
エ　まず、隗を信用して国のすべてをゆだねなさい。
オ　まず、隗から優れた人材を推薦させなさい。

問五 現在、「隗より始めよ」という故事成語はどのような意味で用いられているか。

問六 傍線部Ｃ「況賢於隗者、豈遠千里哉。」を現代語訳せよ。また、このようになる理由を説明せよ。　発展

問七 本文中の⑴「死馬」⑵「生者」⑶「千里馬」に対応する語を後からそれぞれ選べ。

ア　郭隗　　イ　賢於隗者　　ウ　賢士
エ　昭王　　オ　古之君

？アドバイス

問三 抑揚の形に注意して書き下し、現代語訳する。

②

□ 図版作成　田中雅信

シグマベスト
シグマ基本問題集
古文・漢文

本書の内容を無断で複写（コピー）・複製・転載することを禁じます。また，私的使用であっても，第三者に依頼して電子的に複製すること（スキャンやデジタル化等）は，著作権法上，認められていません。

©矢野雅子　2013　Printed in Japan

編著者　矢野雅子
発行者　益井英郎
印刷所　中村印刷株式会社
発行所　株式会社文英堂
〒601-8121　京都市南区上鳥羽大物町28
〒162-0832　東京都新宿区岩戸町17
(代表)03-3269-4231

●落丁・乱丁はおとりかえします。

ΣBEST シグマベスト

シグマ基本問題集

古文・漢文

正解答集

◎『解説』で問題の解き方がわかる

文英堂

古文

1 品詞

基本問題

本冊 p.5

解答

❶ (1) 動詞　(2) 形容詞　(3) 形容動詞
(4) 助動詞　(5) 助動詞　(6) 助詞
(7) 形容詞

解説

❶ 品詞は、自立語か付属語か、活用するかしないか、どんな文節になるかなどによって見分けていく。品詞分類表を頭に入れておこう。

(1) 「あり」は自立語で活用し述語になる動詞だが、ラ変型活用なので、言い切りの形がウ段ではなく「り」になるので注意。

(2) 言い切りは「おもしろし」。自立語で活用し述語になり、「し」で言い切るので、形容詞

(3) 言い切りは「大きなり」。自立語で活用し述語になり、「なり」で言い切るので、形容動詞。

(4) 「ぬ」は付属語で活用があるので、助動詞。完了の助動詞「ぬ」の終止形。

(5) この「ぬ」も付属語で活用があるので、助動詞。こちらは、打消の助動詞「ず」の連体形。

(6) 「し」は付属語で活用がないので、助詞。強意の副助詞。

(7) 言い切りは「なし」。自立語で活用し述語になり、「し」で言い切るので、形容詞。

応用問題

本冊 p.5

解答

❷ ア

解説

❷ 品詞に分類してみると、

動詞	助動詞	名詞	動詞	助動詞
なら	ぬ	事	ある	べし。

助動詞は、「ぬ」「べし」の二つなので、アが誤り。自立語は、「なら」「事」「ある」の三つ、活用語は「なら」「ぬ」「ある」「べし」の四つ。活用語の活用形は、「なら(未然形)」「ぬ(連体形)」「ある(連体形)」「べし(終止形)」である。

2 活用形

基本問題

本冊 p.8

解答

③

(1) 未然形	(2) 未然形	(3) 連用形
(4) 連用形	(5) 連用形	(6) 終止形
(7) 終止形	(8) 連体形	(9) 連体形
(10) 連体形	(11) 連体形	(12) 已然形
(13) 已然形	(14) 已然形	(15) 命令形

解説

③ 活用形は、下に付く言葉で見分ける。

(1)助動詞「む」、(2)接続助詞「で」が付いているので、未然形。

(3)助動詞「けり」、(4)助動詞「けむ」、(5)接続助詞「て」が付いているので、連用形。

(6)助動詞「べし」が付いているので、終止形。(7)句点「。」の上は原則、終止形。

(8)(9)(11)体言の上は連体形。(10)係助詞「や」の結びは連体形。

(12)(13)係助詞「こそ」の結びは已然形。(14)接続助詞「ど」が付いているので、已然形。

(15)句点「。」の上で、命令の形で言い切る場合は命令形。

応用問題

本冊 p.8

解答

④ A エ　B ア　C イ

解説

④ 活用形は、下に付く言葉で見分ける。

A 体言の上は連体形。

B 接続助詞「で」が付いているので、未然形。

C 助動詞「つ」が付いているので、連用形。

訳 A わずかに食べることもなくなった。

B 母が何も食べないでいるのを見て、

C 「私は、もの(＝魚)を多く食べた。」

3 動詞の活用の種類

基本問題

本冊 p.14

解答

5
(1) サ行変格活用・終止形
(2) サ行変格活用・連体形
(3) カ行変格活用・連用形
(4) カ行変格活用・命令形
(5) ナ行変格活用・未然形
(6) ラ行変格活用・已然形
(7) マ行上一段活用・連体形
(8) ナ行上一段活用・連用形
(9) カ行四段活用・未然形
(10) ヤ行上二段活用・已然形
(11) ナ行下二段活用・已然形
(12) ヤ行下二段活用・未然形

解説

5 動詞の活用の種類は、次のようにして見分ける。

① サ行変格活用、カ行変格活用、ナ行変格活用、ラ行変格活用および、上一段活用、下一段活用は、属する語が少ないので、それぞれの活用に属する語を覚えておいて見分ける。

② それ以外の語の場合、打消の「ず」を付けて見分ける。「ア段＋ず」になれば四段活用、「イ段＋ず」になれば上二段活用、「エ段＋ず」になれば下二段活用。

応用問題

本冊 p.15

解答

6 ア
7 き
8 たゆ

解説

6 「興ず」は「ず」と濁っているが、サ行変格活用。

7 完了の助動詞「ぬ(ぬれ)」に接続しているので、この「来」は連用形。なので、「き」と読む。

8 「絶え」の終止形は「絶ゆ」。ヤ行下二段活用の動詞。「絶える」や「絶う」ではないので注意。

長文問題　大和物語(姥捨)

本冊 p.16

解答

問一　a さらしな　b おうな

問二　(1) ① 死ぬ・ナ行変格活用・連用形
② あり・ラ行変格活用・連体形
⑥ 来(く)・カ行変格活用・連用形
⑦ す・サ行変格活用・連用形
(2) ④ ゐる・ワ行上一段活用・連用形
⑩ 見る・マ行上一段活用・連用形
(3) ③ 老ゆ・ヤ行上二段活用・連用形
⑤ 見す・サ行下二段活用・連用形
⑧ おぼゆ・ヤ行下二段活用・連用形
⑨ 寝(ぬ)・ナ行下二段活用・未然形
⑪ 言ふ・ハ行四段活用・連用形

問三　A 情けない(＝いやな)
C 性質がよくなく(＝意地が悪く)
E さあいらっしゃい
G 長年

問四　このをば、いといたう老いて、二重にてゐたり。

問五　ウ

問六　(1) ア　(2) イ　(3) イ　(4) ア
(5) ウ　(6) ア

問七　男がおばを(法会があると偽って連れだし、)山に捨てに行ったこと。

解説

問二　活用形は、下に付いている語を見て判断する。
(1) ① 過去の助動詞「けり」なので、連用形。
② 接続助詞「に」なので、連体形。
⑥ 完了の助動詞「ぬ」なので、連用形。
⑦ 完了の助動詞「つ」なので、連用形。
(2) ④ 完了・存続の助動詞「たり」なので、連用形。
⑩ 接続助詞「て」なので、連用形。
(3) ③ 接続助詞「て」なので、連用形。
⑤ 用言の上は連用形。
⑧ 過去の助動詞「けり」なので、連用形。
⑨ 可能の助動詞「らる」なので、未然形。
⑪ 過去の助動詞「けり」なので、連用形。

問四　傍線部Bは、「この姑の、年老いて腰が曲がって居るのを」という意味で、姑(＝おば)が年老いている様子を表している。

問五　「おろかに」は、形容動詞ナリ活用「おろかなり」の連用形。「粗略だ・おろそかだ・いい加減だ」の意味。

問七　「かく」は副詞で、「このように」の意味。前の部分を指す指示語。

現代語訳

信濃(しなの)の国の更級(さらしな)というところに、男が住んでいた。若いときに親が死んだので、おばが親のように、若いときからそばについていたが、この(男の)妻の心はたいそう情けないことが多くて、この姑の、年老いて腰が曲がって居るのを常に憎んでは、男にも、このおばの御心が性質がよくなく、悪いことを言い聞かせたので、昔のようでもなく、おろそかなことが多く、このおばのためになっていった。このおばは、たいそう年老いて、(腰が曲がって)二重になって座っていた。これをやはり、この嫁が、やっかいがって、「今まで死なないこと」と思って、よくないことを言っては、「持っていらっしゃって、深い山に捨ててしまってください。」とばかり責めたので、(男は)責められ困って、そうしてしまおうと思うようになった。

月がたいそう明るい夜、「おばあさん、さあいらっしゃい。寺で尊い法会をするそうなので、お見せ申し上げよう。」と(男が)言ったので、(おばは)限りなく喜んで背負われた。(男は)高い山のふもとに住んでいたので、その山にはるばると入って、高い山の峰の、下りて来ることができそうにもない所に(おばを)置いて逃げて来た。

「おいおい。」と(おばが)言ったけれど、(男は)返事もしないで逃げて、家に来て思っていると、(妻が)悪口を言って腹を立てたときは、(自分も)腹を立てて、このようにしたけれど、長年親のように養っては一緒にいたので、たいそう悲しく思われた。この山の上から、月もたいそう限りなく明るく出たのを眺めて、一晩中眠ることもできず、悲しく思われたので、次のように詠んだ(歌)、

私の心をなぐさめかねた。更級よ、姥捨(おばすて)山に照る月を見ていると。

と詠んで、また行って(おばを)迎へ連れて来た。それから後、(この山を)姥捨山と言った。

重要語句

心憂し(形容詞ク活用)＝情けない。嘆かわしい。

さがなし(形容詞ク活用)＝性質がよくない。たちが悪い。

あし(形容詞シク活用)＝悪い。

おろかなり(形容動詞ナリ活用)＝おろそかだ。いい加減だ。

わぶ(バ行上二段活用動詞)＝①つらく思う。②さびしく思う。③困る。④落ちぶれる。

いざ給へ＝さあいらっしゃい。

やや(感動詞)＝おいおい。これこれ。

いらへ(名詞)＝返事。

年ごろ(名詞)＝①長年。②数年来。

おぼゆ(ヤ行下二段活用動詞)＝思われる。

作品

大和(やまと)物語　平安時代(九五一年頃)に成立した歌物語。作者は不明。統一的な主人公はない。大納言の姫君が安積(あさか)山まで内舎人(うどねり)に誘拐された「安積山」の話や、女が二人の男から求婚されて生田(いくた)川に身を投げた「生田川伝説」、落ちぶれて蘆刈(あしかり)をしている元夫と再会した妻の話の「蘆刈」などの話がある。

4 形容詞

基本問題

本冊 p.19

解答

9 (1) ク活用　(2) ク活用　(3) ク活用
(4) シク活用　(5) シク活用　(6) シク活用

10 長けれ・已然形　多し・終止形　長く・連用形
めやすかる・連体形

解説

9 形容詞の活用の種類は、「なる」をつけて見分ける。
(1)「憂くなる」、(2)「まさなくなる」、(3)「やむごとなくなる」で、ク活用。(4)「すさまじくなる」、(5)「いみじくなる」、(6)「つきづきしくなる」で、シク活用。(4)(5)のように「じく」と濁っても「シク活用」という。

10 接続助詞「とも」は終止形接続だが、形容詞には連用形「〜く」に接続する。「めやすかる」の終止形は「めやすし」。助動詞「べし」は終止形接続だが、形容詞はラ変型活用なので連体形で接続する。

訳 命が長いといつも恥が多い。長いとしても四十に足りないほどで死ぬようなのが、見苦しくないだろう。

応用問題

本冊 p.19

解答

11 ウ

12 悲しけれ・已然形　深かる・連体形
若き・連体形

解説

11 「しのばしかり」で、形容詞「しのばし」の連用形。それに、助動詞「けり」の已然形「けれ」と接続助詞「ば」が付いている。

12 「悲しけれ」で一語の形容詞。

訳 清範が、講師で、説くことが、またたいそう悲しいので、格別にもののあわれが深くわかりそうにない若い人々(女房)も、みんな泣くようだ。

5 形容動詞

基本問題

本冊 p.21

解答

⑬ (1) あはれに・連用形
(2) 清らなる・連体形
(3) 漫々と・連用形　茫々たり・終止形

解説

⑬ 形容動詞の活用は、ナリ活用とタリ活用。連用形の「〜に」「〜と」の形に注意する。

訳 (1) 野分の吹いた翌日は、たいそうしみじみとした感じがしておもしろい。
(2) この世にまたとなく美しい玉のような男皇子まで生まれなさった。
(3) 南には青い海が広々として、岸を打つ波も激しい。

応用問題

本冊 p.21

解答

⑭ ア
⑮ キ

解説

⑭ 接続助詞「とも」は終止形接続。「大きなり」で一語の形容動詞。

訳 その善がどれほど大きいとしても、罪する事がないようなときには、福を与えることはできない。

⑮ 「清げなり」で一語の形容動詞。「〜げなり」や「〜かなり」は形容動詞。

長文問題　枕草子（春はあけぼの）

本冊 p.22

解答

問一 (1) ① 形容詞・白し・ク活用・連用形
④ 形容詞・をかし・シク活用・終止形
⑤ 形容詞・寒し・ク活用・連体形
(2) ② 形容動詞・ほのかなり・ナリ活用・連用形
③ 形容動詞・あはれなり・ナリ活用・終止形

問二 （いと）をかし

問三 C ウ　E エ

問四 B 次第に（だんだん）
D 言うまでもない（もちろんだ）
F 早朝
H 似つかわしい

問五 雪の降りたる・霜のいと白き

問六 エ

解説

問一 (1) ①「白く」は「白くなる」となるク活用形容詞。
④「をかし」は「をかしくなる」となるシク活用形容詞。
⑤「寒き」は「寒くなる」となるク活用形容詞。
(2) ②「ほのかに」は形容動詞「ほのかなり」の連用形。

問二 「夏」や「秋」について書いた部分にある、「（いと）をかし」が省略されている。

問五 「さらでも」は、「そうでなくても」の意味。「さら」は直前の部分を指している。

問六 作者は、冬について、雪が降ったり、霜が降りたり、寒くて炭を持ち歩くのを、「つきづきし（＝ふさわしい）」としてよいこととしている。逆に、寒さがゆるんで火桶の火が灰っぽくなるのを、冬らしくなくてよくないとしているのである。

現代語訳

春は明け方（が趣深い）。次第に白くなってゆく、（東の）山ぎわが少し明るくなって、赤紫がかった雲が細くたなびいている（情景は、特に趣深い）。

夏は夜（が趣深い）。月の出ている時分（の情趣の深さ）は言うまでもない、闇の夜もやはり、蛍がたくさん飛び交っているころ（は、すばらしい）。また、ほんの一匹か二匹などが、かすかに光って飛んで行くのも趣がある。（夏の夜に）雨などが降るのも趣がある。

秋は夕暮れ（が趣深い）。夕日が（西山に）差して山の稜線にたいへん近くなったころに、烏がねぐらに帰ろうとして、三羽四羽、（また）二羽三羽などと飛び急ぐ様子までもしみじみとした情趣を感じる。まして雁などが列を連ねて（飛んで）行くのが、とても小さく見えるのは本当に情趣がある。日がすっかり沈んでしまって、（あたりの静けさの中に聞こえる）風の音や、虫の音など（の情趣の深さ）は、また改めて言うまでもない。

冬は早朝（が趣深い）。雪が降り積もっているのは言うまでもなく、霜がたいそう白く置いているのも、またそうでなくてもとても寒いときに、火などを急いでおこして、あちこち(の部屋)に炭を持って運んで行く様子も(冬の朝の情景として)たいへんふさわしい。昼になって、寒さがだんだんゆるんでいくと、火鉢の炭火も白い灰が多くなって(冬らしくなくて)よくない。

重要語句

あけぼの(名詞)＝夜がほのぼのと明ける頃。夜が白んでくる頃。
やうやう(副詞)＝次第に。だんだん。
山ぎは(名詞)＝空の、山に接するあたり。
さらなり(形容動詞ナリ活用)＝言うまでもない。もちろんだ。
なほ(副詞)＝やはり。
をかし(形容詞シク活用)＝趣がある。風情がある。
山の端(は)(名詞)＝山の、空に接する稜線のあたり。
さへ(副助詞)＝添加を表す。～までも。
あはれなり(形容動詞ナリ活用)＝しみじみとした情趣がある。
※「をかし」は客観的、理知的に対象を興味深く観察する言葉。
「あはれなり」は主情的にしみじみとした感動を表す言葉。
はた(副詞)＝また。
つとめて(名詞)＝早朝。
さらでも＝そうでなくても。
※「さり」(ラ行変格活用)は、副詞「さ」＋ラ行変格活用動詞「あり」で、「そのようである」の意味。「で」(接続助詞)は、打消の接続で、「～ないで」の意味。
つきづきし(形容詞シク活用)＝似つかわしい。調和がとれている。
わろし(形容詞ク活用)＝よくない。
※善し悪しを表す言葉は、「よし」(＝よい)・「よろし」(＝まあよい)・「わろし」(＝よくない)・「あし」(＝悪い)

作品

枕草子(まくらのそうし)　平安時代(一〇〇一年頃)に成立した随筆。作者は清少納言。一条天皇の中宮定子に仕えた。清少納言の父は清原元輔で、「後撰(ごせん)和歌集」を編纂(へんさん)した「梨壺(なしつぼ)の五人」の一人。内容は、「うつくしきもの」「すさまじきもの」などの「ものづくし」の類聚(るいじゅう)的章段、「香炉峰(こうろほう)の雪」など中宮定子にお仕えした体験を回想した日記的章段、「春はあけぼの」など自然や人生にわたる観察と感想が自由に綴(つづ)られる随想的章段に分類される。

6 助動詞「き」「けり」

基本問題

本冊 p.26

解答

16 (1) 過去　(2) 詠嘆

解説

16 (1) 助動詞「き」の意味は、過去。活用によって「し」「しか」になるので注意。
(2) 助動詞「けり」の意味は、過去か詠嘆。和歌中の「けり」は詠嘆。

訳 (1) 京より下ったとき、みんな、子供はなかった。
(2) 見渡すと、桜の花も紅葉もなかったのだなあ。海辺の苫屋の秋の夕暮れよ。

応用問題

本冊 p.26

解答

17 (1) し　(2) しか　(3) し
18 き
19 (1) ける　(2) けれ　(3) けり

解説

17 (1) 体言「母」が付いているので、連体形。
(2) 係助詞「こそ」の結びなので、已然形。
(3) 係助詞「ぞ」の結びなので、連体形。

訳 (1) おなくしになった母北の方、
(2) たいそう悲しいことだと承った。
(3) あの少将は義孝と申し上げた。

18 「かきやりし」の「し」が、助動詞「き」の連体形。

訳 黒髪の乱れも気にせずうち伏すと、まず(私の)髪をかきやってくれた人が恋しく思われる。

19 (1) 係助詞「ぞ」の結びなので、連体形。
(2) 接続助詞「ども」が付いているので、已然形。

訳 (1) 「罪を与えることにせよ。」と、下命なさった。
(2) 惜しんだけれども、
(3) 無理に取った。

7 助動詞「つ」「ぬ」

基本問題

本冊 p.29

解答

⑳ (1) 完了 (2) 完了 (3) 完了 (4) 完了
(5) 完了 (6) 強意 (7) 強意 (8) 強意

解説

⑳ 「にけり」「てけり」は完了。「ぬべし」「つべし」は強意。

訳 (1) 去年見たのに色も変わらず咲いてしまったなあ。桜の花はものは思わなかったなあ。

(2) (人のもとに)用事があって行ったとしても、その用事が終わってしまうならば、早く帰るのがよい。

(3) 「もとの姿となってしまってください。」

(4) 鬼が早くも(女を)一口で食ってしまった。

(5) 天の河原の船頭、あの人が渡ってしまうならば、(帰れないように)船の櫓を隠してしまえ。

(6) 飛び降りるとしても、きっと飛び降りることができるだろう。

(7) 私は皇子にきっと負けるだろうと、(かぐや姫は)胸がつぶれるように思った。

(8) 楊貴妃の例もきっと引き合いに出すに違いないようになっていくので、

応用問題

本冊 p.29

解答

㉑ 完了の助動詞「ぬ」の連用形

解説

㉑ 「にき」は、完了の助動詞＋過去の助動詞。

訳 一面まっ暗になった(私の)心の闇に迷ってしまった。

8 助動詞「たり」「り」

基本問題

本冊 p.31

解答

22 (1) 存続　(2) 存続　(3) 存続　(4) 存続
(5) 完了

解説

22 状態や動作が存在・継続していれば、存続。一回で完結していれば、完了。

訳 (1) 草の上に降りていた露を「あれは何か。」と男に尋ねた。
(2) 露は落ちて、花は残っている。
(3) 立っている人たちは、装束が気品があって美しいことは何にも似ない。
(4) 道を知っている人もなくて、迷いながら行った。
(5) 大きなつむじ風が起こって、六条あたりまで吹いたことがありました。

応用問題

本冊 p.31

解答

23 イ

解説

23 ここでの存続・完了の助動詞とは、存続・完了の助動詞「り」のこと。存続・完了の助動詞「り」は、サ変動詞の未然形と四段動詞の已然形(命令形)のe段音に接続するので、e段音に接続している「る」「れ」を探す。a「浮かべる」とd「給へる」。

a バ行四段活用動詞「浮かぶ」の已然形「浮かべ」に接続しているので、存続・完了の助動詞「り」。
b サ行四段活用の動詞「思(おぼ)す」の未然形「思(おぼ)さ」に接続しているので、自発・可能・受身・尊敬の助動詞「る」。
c ラ行下二段活用動詞「こぼる」の連体形「こぼるる」の一部。
d ハ行四段活用の尊敬の補助動詞「給ふ」の已然形「給へ」に接続しているので、存続・完了の助動詞「り」。
e サ行四段活用動詞「召す」の未然形「召さ」に接続しているので、自発・可能・受身・尊敬の助動詞「る」。

訳 a 秋の木の葉が浮かんでいる気持がするのも、
b 「どこを目指してこぐのか。」とついお思いになられる。
c 御涙がこぼれるのを、
d なんとなく紛らわしなさっている(ご様子)、
e 人々にお詠ませになる。

9 助動詞「ず」

基本問題

本冊 p.33

解答

24 (1) 未然形　(2) 連用形　(3) 連体形
(4) 已然形　(5) a 連用形　b 終止形
(6) 未然形　(7) 連用形

解説

24 助動詞「ず」には、「な」「ず」「ざら」の三つの系列の活用がある。

訳 (1) まだ満足していないのに、早くも月が隠れるのか。山の端が逃げて月を入れないでほしい。
(2) 嘆くけれど、どうしてよいかわからず、
(3) 知らない人の中で横になって、少しも眠ることもできない。
(4) この（京の）家で生まれた女の子が、一緒に帰らないので、どんなに悲しいことか。
(5) 流れていく川の流れは絶えないで、それでいて、もとの水ではない。
(6) どうしてうれしくないことがあろうか、いやうれしい。
(7) 淵と瀬が全く変わらなかったなあ。

応用問題

本冊 p.33

解答

25 エ

解説

25 「ぬ」は、打消の助動詞「ず」の連体形と、完了の助動詞「ぬ」の終止形とを見分ける必要がある。
1 ラ行四段活用動詞「去る」の未然形「去ら」に接続しているので、「ぬ」は打消の助動詞「ず」。
2 ハ行四段活用動詞「いふ」の連用形「いひ」に接続しているので、「ぬ」は完了・強意の助動詞「ぬ」。下に推量の助動詞「べし」があるので、厳密には、強意。

訳 1 都の内を去らないことになってしまったのであろう。
2 行く末が心細いともきっと言うだろう。

10 助動詞「る」「らる」

基本問題

本冊 p.36

解答

26 (1) 自発 (2) 可能 (3) 受身 (4) 尊敬

27 (1) エ (2) エ (3) ウ (4) ア (5) イ

解説

26 (1) 心に関係した言葉「泣く」に付いている。
(2) 打消の助動詞「ず」(ここは連体形「ぬ」)とともに用いられている。
(3)「舅に」がある。
(4) 貴人である「大将」が主語。

訳 (1) 人知れず自然に泣いてしまった。
(2) ものは少しわかるけれど、腰を動かすことができない。
(3) めったにないもの、舅(しゅうと)にほめられる婿(むこ)。
(4) 大将は別れを申し上げて、福原へお帰りになった。

27 (1) 心に関係した言葉「思ひ出づ」に付いている。
(2) 心に関係した言葉「見やる」に付いている。
(3) 打消の助動詞「ず」とともに用いられている。
(4)「父宮に」を補える。
(5) 貴人の動作「仰す」に付いている。

訳 (1) 自然と思い出されたので、
(2) 海が自然と見やられる廊下に、
(3) ものも言うことができなくなった。
(4) これは、(父宮に)知られ申し上げないけれど、
(5) おっしゃりながら、お帰りになった。

応用問題

本冊 p.36

解答

28 自発の助動詞「らる」の連用形

解説

28 「思ひつづく」に付いているので、自発。接続助詞「て」が付いているので、連用形。

訳 自然と思い続けられて、

11 助動詞「す」「さす」「しむ」

基本問題

本冊 p.39

解答

29 (1) 使役 (2) 使役 (3) 尊敬 (4) 使役

30 イ

解説

29 (1)(2)は、敬語の補助動詞が付いていないので、使役。(3)(4)は、敬語の補助動詞が付いているが、「御随身」という使役の対象がある(4)は、使役。「遣水はらふ」は殿の動作にふさわしくない。(3)は、尊敬。

訳 (1) 妻である老婆に預けて育てさせる。
(2) 月の人が参上して来るならば、捕らえさせよう。
(3) 殿が歩きなさって、
(4) (殿は)御随身をお呼びになって遣水をはらわせなさる。

30 「おはします」という尊敬の補助動詞が付いているので、尊敬。

訳 (院は)お笑いになって、

応用問題

本冊 p.39

解答

31 ウ

解説

31 例文は、尊敬の補助動詞「たまふ」が付いているので、尊敬。

ア サ行下二段活用動詞「仰す」の未然形「仰せ」の活用語尾。

イ サ行下二段活用の補助動詞「おこす」の連用形「おこせ」の活用語尾。

ウ 下に尊敬の補助動詞「おはします」が付いているので、尊敬。

エ サ行下二段活用の謙譲の補助動詞「まゐらす」の未然形「まゐらせ」の活用語尾。

訳 御自らさまざまにお書きになった文である。
ア おっしゃられるけれど、
イ さっとこちらをご覧になって、
ウ 立ちなさったのは、
エ 思い申し上げないだろう。

長文問題 竹取物語(かぐや姫の誕生)

本冊 p.40

解答

問一 a こ　b も

問二 動作の反復を表す接続助詞

問三 (ア) ける
(イ) ける

問四 (1) あり・ラ行変格活用・連用形
(2) ゐる・ワ行上一段活用・連用形
(3) 見る・マ行上一段活用・連体形
(4) おはす・サ行変格活用・連体形
(5) く・カ行変格活用・連用形

問五 (6) 形容動詞・大きなり・ナリ活用・連用形
(7) 形容詞・あし・シク活用・連用形

問六 (1) ② ア　「き」…ウ
(2) ③ ア　④ イ　⑦ イ
(3) ぬ・連用形・完了
(4) 使役

問七 A かわいらしく
C 大切に育てる
D 清らかで美しい(気品があって美しい)
E 管弦の遊びをする
F 盛大に
G 高貴な(人)
I 噂に聞き

問八 いつも翁が取っている竹の中にいたため、翁は「子(=籠)となる」運命だと思った。

問九 なんとかしてこのかぐや姫を妻にしたいものだ、逢いたいものだ(=結婚したいものだ)。

解説

問三 (ア) 係助詞「なむ」の結びは連体形。
(イ) 係助詞「ぞ」の結びは連体形。

問六 (1) 「けり」は伝聞過去の助動詞(過去のことを他から伝え聞いたり、気づいたりする用法)。「き」は体験過去の助動詞(直接経験したり、確かに記憶にある過去の事実を表す用法)。
(2) ③ 「光る」状態が存在・継続しているので、存続の助動詞「たり」。
(4) 下に尊敬の補助動詞「給ふ」「おはします」がないので、意味は使役。

問八 「子となる」と「籠(竹籠)となる」を掛けた言葉のしゃれ。

問九 平安時代の女性は、親族でない異性には顔を見せなかった。「顔を見る」時は結婚してからなので、「見る」には「逢う・結婚する」という意味がある。

現代語訳

今となっては昔の話だが、竹取の翁という者がいた。野や山に分けいって竹を取っては、いろいろなことに使って(生計を立てて)いた。名を、さぬきの造(みやつこ)といった。その竹の中に、根もとの光る竹が一本あった。不思議に思って、近寄って見ると、筒の中が光っている。それを見ると、三寸ぐらいである人が、たいそうかわいらしい様子で座っている。翁が言うには、「わたしが毎朝毎晩見る竹の中にいらっしゃるので、わかった。(この人はわたしの)子におなりになるはずの人であるようだ。」と言って手に入れて、家に持って来た。妻である老婆に預けて育てさせる。(その子の)かわいらしいことはこの上もない。たいそう幼いので、かごに入れて育てる。

竹取の翁は、竹を取ると、この子を見つけてから後に竹を取ると、節(ふし)を隔てて、どの節とどの節との間にも黄金の入っている竹を見つけることがたび重なった。このようにして、翁は次第に豊かになっていく。

この幼児は、育ててゆくうちに、すくすくと大きく成長していく。三か月ほどたつうちに、(背たけが)ちょうどよいくらいの(一人前の)人になったので、髪上げの儀式などあれこれと手配して髪を上げさせ裳(も)を着せ(て成人の祝いをす)る。帳台の中からも出さず、大切に育てる。この子の容貌が清らかで美しいことは世間に比べるものがなく、家の中は暗い所がないほどに光が満ちている。翁は、気分が悪く苦しいときも、この子を見ると苦しいことも治ってしまった。腹の立つことも慰んだ。

翁は、(黄金の入っている)竹を取ることが長い間続いた。(それで)富豪になってしまった。この子がたいそう大きくなったので、名前を御室戸の斎部(いんべ)の秋田を呼んでつけさせる。秋田は、なよ竹のかぐや姫とつけた。この(名づけの祝いの)三日間、酒宴を催し管弦の遊びをする。いろいろな遊びをした。男はだれかれの区別なく呼び集めて、たいそう盛大に音楽を奏して楽しむ。世の中の男は、身分の高い者も低い者も、「なんとかしてこのかぐや姫を妻にしたいものだ逢いたいものだ(＝結婚したいものだ)」と、うわさに聞いて、恋いこがれて思い乱れる。

重要語句

よろづ(名詞)＝すべての事。万事。
いと(副詞)＝たいそう。
うつくし(形容詞シク活用)＝かわいらしい。
おはす(サ行変格活用動詞)＝尊敬語。いらっしゃる。
やうやう(副詞)＝次第に。だんだん。
いつき養ふ(ハ行四段活用動詞)＝大切に養い育てる。
かたち(名詞)＝容貌。顔かたち。
きよらなり(形容動詞ナリ活用)＝清らかで美しい。気品があって美しい。華麗だ。
遊ぶ(バ行四段活用動詞)＝管弦の遊びをする。
かしこし(形容詞ク活用)＝盛大だ。(程度が)甚だしい。
貴(あて)なり(形容動詞ナリ活用)＝高貴だ。
見る(マ行上一段活用動詞)＝逢う。結婚する。
めづ(ダ行下二段活用動詞)＝愛する。ほめる。賞美する。

惑ふ（ハ行四段活用動詞）＝思い悩む。

作品

竹取物語　平安時代初期（十世紀の初め）に成立した作り物語（＝伝奇物語）。作者は不明。源氏物語の中で「物語の出できはじめの祖（おや）」と記されている。竹の中から生まれたかぐや姫が、五人の貴公子の求婚を、難題を出して逃れ、帝の求婚も断り、最後は天へ帰って行く話。

---

12 助動詞「む」「むず」

基本問題

本冊 p.44

解答

32 (1) 推量　(2) 意志　(3) 適当　(4) 勧誘
(5) 婉曲　(6) 仮定

解説

32 助動詞「む」には、推量、意志、適当・勧誘、婉曲・仮定の意味がある。それぞれの意味は、主語やあとに続く語に注意して見分けていく。

(1) 三人称「香炉峰の雪」が主語なので、推量。
(2) 一人称「我々」が主語なので、意志。
(3) 「言うのがよい」の意味なので、適当。
(4) 「こそ〜め」の形なので、勧誘。
(5) 体言「をりをり」に付いているので、婉曲。
(6) 「〜むは」の形なので、仮定。

訳 (1) 「少納言よ、香炉峰の雪はどのようだろう。」
(2) 「潮が満ちた。風もきっと吹くだろう。」と騒ぐので、（我々は）船に乗ってしまおうとする。
(3) 気にくわないことがあるようなときは、かえって（きっと）その理由を言うのがよい。
(4) 「どうしてこのように急ぎなさるのか。（きっと）花を見て帰りなさってはどうか。」

(5)「恋しいようなときどきは、（この文を）取り出して見てください。」

(6) すわりの悪い格好で落ちてしまうとしたら、情けないだろうと思った。

応用問題 本冊 p.44

解答

33 め

34 b

解説

33 係助詞「こそ」の結びなので、已然形にする。「こそ～め」の形にする。ここは勧誘の意味。

訳 今は子供にし申し上げてはどうか。

34 例文は「～むには」の形なので、仮定。bが同じ形で、仮定。aは推量、cは意志。

訳 もしほんとうにそのように理解していたとしたら、どうしようもない愚か者であるが、

a どうしてそのようにあえぐこともないだろうか、いやあるだろう。

b 心にかけたとしたら、いつも自身で試みるべきことであるのに、

c 人々にすばらしいことに思わせようと思っての、作り事であったのだなあ。

13 助動詞「らむ」「けむ」

基本問題

本冊 p.48

解答

35 (1) 現在推量　(2) 原因推量　(3) 婉曲
(4) 過去推量　(5) 過去の原因推量
(6) 過去の婉曲

解説

35 (1) 立春の日、都の家から、遠く離れた郊外の山の清水を、視界外に推量している。
(2) 疑問の副詞「なに(＝どうして〜か)」がある。
(3) 「らむ」の下に体言が省略されている。
(5) 疑問の副詞「何(＝どうして〜か)」がある。
(6) 「けむ」の下に体言「年」がある。

訳 (1) 袖が濡れて手ですくった水が(冬に)凍っていたのを、立春の今日の風が今頃溶かしているだろうか。
(2) 春霞(はるがすみ)はどうして桜の花を隠すのだろう。せめて桜の花が散る間だけでも見ようと思っているのに。
(3) これをもかわいいと思うようなのは、親であるからだよ。
(4) 昔の話を聞いても、その頃の人の家が、(現在の人の家の)そのあたりであっただろうかと思われ、
(5) 見渡すと山の麓(ふもと)がかすむ水無瀬川、夕べは秋に限ると、どうして思っていたのであろうか。
(6) やはり翁の年を聞きたい。生まれたような年は知っているか。

応用問題

本冊 p.48

解答

36 (1) ×　(2) ×　(3) ○　(4) ×

解説

36 この「らん」は、現在の視界外のものを推量する用法。

訳 怪しい者かといって、あそこの家でとらえて、(中略)責めていたが、今は責め殺しているだろう。

14 助動詞「まし」

基本問題

本冊 p.51

解答

37 (1) 反実仮想　(2) ためらいの意志
(3) 実現不可能なことへの希望

解説

37 (1)「せば〜まし」の形。「いつはりのなき世」を仮想している。
(2) 疑問の係助詞「や」とともに用いられている。
(3) ほかの桜が散った後に山里の桜が咲いてほしいと、仮想的に希望している。

訳 (1) 偽りのない男女の仲であったならば、どれほどあなたの言葉がうれしいであろうのに。
(2) 今はこの渚に身を投げてしまおうかしら。
(3) 見る人もいない山里の桜の花は、ほかの桜が散ってしまうような後に咲けばいいのに。

応用問題

本冊 p.51

解答

38 まし
39 ましか
40 カ

解説

38 「ましかば〜まし」の形。
訳 こうだと知っていたら、参らなかっただろうに。
39 「ましかば〜まし」の形。「ば」の前は未然形にする。
訳 普通のご様子でこのように見申し上げたらば、どれほどうれしいだろうか。
40 助動詞「まし」は未然形接続なので、サ行変格活用動詞「す」を未然形「せ」にする。
訳 どうしたらよいだろうか。

15 助動詞「べし」

基本問題

本冊 p.54

解答

41 (1) 推量 (2) 推量 (3) 意志 (4) 当然
(5) 可能 (6) 適当

解説

41 (1) 三人称「風」が主語。
(2) 主語はないが、三人称「花」が主語だと考えられる。
(3) 一人称「我」が主語。
(4) 「～はずの」という意味。運命を感じているので。
(5) 否定の意味の「なし」とともに用いられている。
(6) 「～のがよい」という意味。

訳 (1) 「風もきっと吹くだろう。」
(2) 今にも(花が)咲きそうな頃の(桜の)梢、(すでに)散りしおれている庭などが、見所が多い。
(3) 「宮仕えに出すならば(私は)死ぬつもりだ。」と(かぐや姫は)申し上げる。
(4) 我が子となりなさるはずの人であるようだ。
(5) その山を、見ると、全く登ることができそうな様子もない。
(6) 「漢詩の(船)に乗るのがよかったなあ。」

応用問題

本冊 p.54

解答

42 a ウ b ア

解説

42 aは、「なし」があり、可能。bは、三人称の「日」が主語なので、推量。選択肢は、アは推量、イは意志、ウは可能、エは命令、オは意志。

訳 a 探させることのできる方法もない。
b 日も暮れてしまうだろう。
ア まあ大変、犬を二人で打ちなさる。(犬は)死ぬだろう。
イ 毎回ただあたりはずれを考えず、この一本の矢で決着をつけようと思え。
ウ 道中の趣深く、情趣があることは、言い尽くすことができそうにもない。
エ 頼朝の首をはねて、私の墓の前にかけよ。
オ 心配なさるな、必ずお救い申し上げよう。

16 助動詞「じ」「まじ」

基本問題

本冊 p.57

解答

43 (1) 打消推量　(2) 打消意志

44 (1) 打消推量　(2) 打消意志

解説

43 (1) 三人称「月」が主語なので、打消推量。

(2) ここは、「寝殿に鳶(とび)居させじ」が大臣自身の心内語なので、打消意志。

訳 (1) 山の端がないならば、月も沈まないだろうから。

(2) 後徳大寺の大臣が、寝殿(の屋根)にトビを止まらせまいと思って縄をお張りになっていたのを、

44 (1) 三人称「鳥」が主語なので、打消推量。

(2) 「見るまい」の意味で、打消意志。

訳 (1) 雀のように普段からいる鳥であるならば、そのようにも思われないだろう。

(2) 「ただ今は(手紙を)見るまい。」と言って入った。

応用問題

本冊 p.58

解答

45 コ

46 召し上がる物もないだろう。

47 コ

48 打消推量・連体形

解説

45 ここの「とて」は「と言ひて」の意味。

訳 「(あなたが)誰(なのか)と(名前を)聞かないような間は、(あなたを)放さないつもりだ。」と言って、馴れ馴れしく横になりなさるうちに、

47 「まじとする」の形は打消意志になりやすい。

訳 下の者にものを言わせまいとするのである。

48 三人称「程」が主語なので、打消推量。体言「由」の上にあるので連体形。

訳 (大納言の上洛が)待ち遠しいということで、(帝は大納言に)度々御使いを遣わす。もう間もないであろう由、公的にも私的にも(大納言からの)請文(=承諾書)が届いたとのことで、誰も誰も安心したようでございました。

長文問題 伊勢物語(東下り)

本冊 p.59

解答

問一 a かれいい b さつき

問二 (1) 居
(2) ワ行下二段活用・連用形
(3) マ行上一段活用・連用形

問三 (1) ③ 存続の助動詞「り」の連体形
⑤ 完了の助動詞「り」の連体形
(2) ④ 完了の助動詞「ぬ」の終止形
⑩ 打消の助動詞「ず」の連体形
(3) ⑥ ウ ⑦ エ ⑧ エ
(4) ⑪ 詠嘆の助動詞「けり」の終止形
(5) ① イ
(6) ② カ
(7) ⑨ イ ⑬ オ
(8) ⑫ イ

解説

問二 (1) 本文の「ゐ」は「座る」の意味なので、ワ行上一段活用「居る」の連用形「居(ゐ)」。「連れて行く」の意味ならば「率る」の連用形「率(ゐ)」になる。
(2) 終止形は「据う」。接続助詞「て」が付いているので、連用形。
(3) 「見」はマ行上一段活用動詞「見る」。未然形も連用形も「見」。「見」の下の「し」は、過去の助動詞「き」で連用形接続なので、この「見」は連用形。

問三 (1) ③ 「道を知る」という状態が、存在・継続している。体言の上は連体形。
⑤ 「和歌を詠む」動作が完了している。「歌」という体言が下に省略されているので連体形。
(2) ④ ラ行四段活用動詞「至る」の連用形「至り」に接続。
⑩ ハ行四段活用動詞「あふ」の未然形「あは」に接続。
(4) 和歌の中の「けり」は詠嘆。
(5) 「あらじ」の主語は、「男」自身。後の「とて」に注意する。
(6) ここは地の文で、それほど強い意味ではない。「住むのにふさわしい」の意味。
(7) ⑨ 「むとす」の形は意志になりやすい。
⑬ 「む」の下に体言「ほど」がある。「む」+「体言」の時は婉曲になりやすい。
(8) ⑫ 目前の「鹿の子まだらに雪の降る」事実に「らむ」が接続し、その原因を推量している。

現代語訳

昔、男がいた。その男は、わが身を(この世に)必要とされないものと思い込んで、京の都には住むまい、東国のほうに住むのにふさわしい国を探しに(行こう)と思って行った。以前から友人とする人、一人二人と一緒に行った。道を知っている人もなくて、迷いながら行った。三河の国の、八橋という所に着いた。そこを八橋といったのは、水の流れて行く川が蜘蛛の足のように八方に分かれているので、橋を八つ渡しているのにちなんで、八橋といった。(一行は)その沢のそばの木の陰に(馬から)下りて座って、乾飯を食べた。その沢にかきつばたがとても美しく咲いている。それを見て、(一行の)ある人が言うには、「かきつばたという五文字を(和歌の)各句の初めに置いて、旅の思いを詠め。」と言ったので、詠んだ(歌)。

何度も着て、のり気がなくなり身になじんだから衣のように、馴れ親しんだ妻が(特に)(都に)いるので、はるばる来てしまった旅を(特に)(しみじみと)思うことだ。

と詠んだので、(一行の)人々はみんな、(感動して)乾飯の上に涙を落として(乾飯は)ふやけてしまった。

(さらに東に東にと旅を続けて)進んで行って、駿河の国に着いた。宇津の山に着いて、自分たちが行こうとしている道は、ひどく暗くて、蔦や楓が生い茂り、何となく心細くて、思いもかけない(つらい)目を見ることだと思うと、修行者が来合わせた。「このような道に、どうしていらっしゃるのか。」と言うのを見ると、(以前都で)会った(見知った)人であったよ。京に、あの(恋しい)御方のもとに(届けてほしい)と言って、手紙を書いて(修行者に)託す。

駿河にある宇津の山辺(に来ているが、その「宇津」ではないが)うつつ(=現実)にも夢でもあなたに会わないことだなあ(あなたはもう私のことを思ってはいないのだろうか)。

富士山を見ると、旧暦五月の下旬に、雪がたいそう白く降っている。

時節をわきまえない山は富士山だよ。今をいつと思って鹿の斑点のように雪が降るのだろう。

その山は、ここ(=都)にたとえるならば、(高さは)比叡山を二十ほども積み上げたような高さで、形は塩尻のようであったことだ。

重要語句

要なし(形容詞ク活用)=役に立たない。必要がない。

乾飯(名詞)=干して乾燥させた飯。水や湯に浸し戻して食べる。

おもしろし(形容詞ク活用)=美しい。趣深い。

ほとぶ(バ行上二段活用動詞)=(水分を含んで)ふやける。

すずろなり(形容動詞ナリ活用)=①なんとなく〜だ。②むやみやたらだ。③思いがけない。④関係がない。

なり(名詞)=形。姿。

作品 **伊勢物語** 平安時代初期(十世紀の初め)に成立した歌物語。「在五が物語」「在五中将の日記」ともいう。作者は不明。「昔、男ありけり。」で始まり、在原業平の一代記のような体裁をとっている。帝の后にと予定された女を盗み出したり、伊勢の斎宮(惟喬親王の妹)との一夜など、現実ではありえないほどの「みやび男の典型」がある。また、主人である惟喬親王との主従の情なども描かれている。

17 助動詞「なり（伝聞推定）」「めり」「らし」

基本問題

本冊 p.63

解答

49 (1) 推定　(2) 推定　(3) 伝聞　(4) 伝聞

50 (1) 推定　(2) 婉曲

解説

49 (1)(2)は、自分で音を聞いて推定している。(3)(4)は、見たことのない事実を他人の話で伝聞している。

訳 (1) 秋の野に人を待つかのような松虫の声がするようだ。私(を待っているの)かと行って、さあ訪れよう。(「まつ」は「待つ」と「松」の掛詞。)

(2) 呼びかねて、笛をたいそう趣深く音色を澄ませて吹いて立ち去ったようだ。

(3) 「駿河（するが）の国にあるとかいう山がこの都にも近く、天にも近うございます。」と帝に申し上げる。

(4) 「造麻呂（みやつこまろ）の家は山の麓（ふもと）に近いそうだ。」

50 (1)は、目で見て推定しているが、(2)は、目で見た事実ではない。

訳 (1) しみじみと語り合って泣くようだけれど、涙が落ちるとも見えない。

(2) いやもう、この世に生まれては、(こうありたいと)望ましい(と願う)に違いないことが多いようだ。

応用問題

本冊 p.64

解答

51 ア

52 イ

解説

51 伝聞推定の助動詞「なり」は「言ふ」「聞く」とともに用いられることが多い。ア伝聞推定の助動詞、イ存在(所在)の助動詞、ウラ行四段活用動詞「なる」の連用形、エ形容動詞ナリ活用「高やかなり」の連体形の活用語尾、オ断定の助動詞。

訳 ア 籠手（こて）とかいうらしいものを差している、銀の金具が、

イ 清水にある宿に移った。

ウ 旧暦四月二十日過ぎになった。

エ いかにも高いのに、

オ すっかり夜が明ける様子であるので、

52 伝聞推定の助動詞「なり」は終止形接続(ラ変型は連体形)。「あり」の連体形「ある」の「る」が「ん」と撥音便となり、その「ん」が無表記になっている。

ある＋なり→あんなり→あなり(「あんなり」と読む)

訳 「化け物がいるようだ。」と言って、人々が騒ぎたて怖がっていらっしゃった。

18 助動詞「なり(断定)」「たり」

基本問題

本冊 p.67

解答

53 (1) 断定 (2) 断定 (3) 断定

解説

53 (2) 副詞「かく(=このように)」にも断定の助動詞「なり」は接続する。

訳 (1) 継母であった人は、宮仕えした人が地方に下ったので、
(2) この大臣の御子孫はこのようである。
(3) 忠盛(ただもり)が、備前(びぜん)の国司であったとき、

応用問題

本冊 p.67

解答

54 a・b
55 オ
56 断定

解説

54 a 断定
b 断定
c 形容動詞ナリ活用「哀れなり」の連体形活用語尾
d 形容動詞ナリ活用「うとましげなり」の連体形活用語尾
e 形容動詞ナリ活用「なよよかなり」の連体形活用語尾

55 下に補助動詞「あり」の未然形「あら」がある。

訳 殿には隠し申し上げるべきことでもないので、

56 下に「あらむ」などが省略されている形。

訳 どれほどの心をおこされたのであろうか。

19 助動詞「まほし」「たし」

基本問題

本冊 p.69

解答

57 (1) 希望(願望)　(2) 希望(願望)
(3) 希望(願望)

解説

57 「まほし」「たし」の意味は、希望(願望)。

訳 (1) ちょっとものを言っているのも、聞き苦しくなく、魅力(＝やさしく穏やかなところ)があって、口数の多くない人とは、いつまでも向かい合っていたいものだ。

(2) 『源氏物語』の「若紫」の巻を見て、続きが見たく思われるけれど、人に相談することもできない。

(3) いつでも聞きたいのは、琵琶、和琴(である)。

応用問題

本冊 p.69

解答

58 ア

解説

58 「まほし」と「たし」は、どちらも希望(願望)。「まほし」は主に平安時代に用いられ、鎌倉時代以降は「たし」が用いられるようになった。

20 助動詞「ごとし」

基本問題

本冊 p.71

解答

59 (1) 比況　(2) 比況　(3) 例示

解説

59 「ごとし」の意味は、比況と例示。

訳 (1) 世の中にいる人と住まいと、またこのようである。

(2) 塵埃が立ち上って、盛んに立ち上っている煙のようだ。

(3) 楊貴妃(ようきひ)のようなのは、あまり寵愛されすぎて、(終わりには)悲しいことがある。

応用問題

本冊 p.71

解答

60 ク

解説

60 訳 ところが人を右(に書いたこと)のように使いつけているときは、

長文問題　土佐日記（門出）

本冊 p.72

解答

問一　a しわす　b いぬ　c あがた　d げゆ　e たち　f いずみ

問二　① 伝聞の助動詞「なり」の連体形
② 断定の助動詞「なり」の終止形
③ 予定（当然）の助動詞「べし」の連体形
④ 打消の助動詞「ず」の連体形
⑤ 完了の助動詞「ぬ」の終止形

問三　A 少しばかりだ
B 親しくつきあう
C 大騒ぎする
D 送別の宴
E 身分の上・中・下の者みな（身分の上位の人、中位の人、下位の人、全部。）

問四　塩の海のほとりなので腐るはずもないのに、ふざけあっている。

解説

問二　① サ行変格活用動詞「す」の終止形に接続するのは伝聞・推定の助動詞「なり」。直接「音」「声」が聞こえていないので伝聞の意味。下に体言があるので、連体形「なる」になっている。当時男性は漢文で日記を書いた。それを伝え聞いたという体裁。

② サ行変格活用動詞「す」の連体形「する」に接続するのは断定の助動詞「なり」。下に句点「。」があるので終止形。

③ 「～することになっている」という意味。予定（当然）の助動詞「べし」。

④ 「知ら」はラ行四段活用動詞「知る」の未然形。未然形接続の「ぬ」は打消の助動詞「ず」の連体形。

⑤ 「ふけ」はカ行下二段活用動詞「ふく」。未然形も連用形も「ふけ」だが、「ぬ」の下に句点「。」があるので、この「ぬ」は終止形なので、完了の助動詞「ぬ」。

問四　「鯘る＝腐る」と「戯る＝ふざける」を掛けている。塩は魚肉を腐らせないはずなのに、塩海のほとりで（見苦しく戯れ、）鯘れあっているのは、たいそう不思議に思われるとしゃれている。

現代語訳

男もするとかいう日記というものを、女（の私）もしてみようと思って、するのである。

ある年の、旧暦十二月の、二十一日の、午後八時頃に出発する。その様子を、少しばかり、紙に書きつける。

ある人が、任国での四、五年が終わって、慣例のいろいろなことをみなし終えて、解由状などを受け取って、住んでいる官舎から出て、船に乗ることになっている所へ移る。あの人この人、知っている人知らない人が、見送りをする。数年来、ごく親しくつきあってきた人々は、別れにくく思って、一日中、あれこれしながら大騒ぎするうちに、夜がふけてしまった。

二十二日に、和泉の国までと、平穏無事であるように（神仏に）願を立てる。藤原ときざねは、（馬に乗らない）船旅であるが馬のはなむけ（＝送別の宴）をする。身分の上中下の者みな、（酒に）すっかり酔って、ひどく見苦しく（不思議なことに）、塩辛い海のほとりで、くさる（＝鯘る）はずもないのに、ふざけ（＝戯る）あっている。

重要語句

戌の時＝今の午後八時頃。

いささかなり（形容動詞ナリ活用）＝少しばかりだ。わずかである。

県＝国司など地方官の任国。

解由＝「解由状」の略。国司交代のとき、前任者が事務を引き継いだ後任者から受け取る公文書。

年ごろ（名詞）＝①長年。②数年来。

※国司の任期は四年なので、ここでは「長年」ではなく「数年来」の意味。

比ぶ（バ行下二段活用動詞）＝親しくつきあう。

とかく（副詞）＝あれやこれや。

ののしる（ラ行四段活用動詞）＝大騒ぎする。

馬のはなむけ＝送別の宴。旅立つ人のために、酒食を出したり、物を贈ったりすること。もともと、旅立つ人の乗った馬の鼻を行く先に向けて、旅の安全を祈ったことからいう。

上中下＝身分の上位の人、中位の人、下位の人、全部。

あやし（形容詞シク活用）＝①不思議だ。②粗末だ。見苦しい。③身分が低い。

あざる（ラ行下二段活用動詞）＝「鯘る」で、魚肉などが腐る。「戯る」で、ふざける。

作品

土佐日記　平安時代初期（九三五年）に紀貫之によって書かれた仮名の日記。土佐から京へ帰ってくる五十五日間の紀行的な色彩の強い日記。ある「女」が見聞したことを仮名の日記に記したという体裁にしたことで、紀貫之は土佐前司、従五位下という公的な立場から解放され、自由に思うところを描いた。文中の和歌は、我が子を亡くした悲しみ、望郷の思い、帰京の喜びを中心に詠まれている。

21 係助詞

基本問題

本冊 p.75

解答

61 (1) や・ある (2) かは・べき
(3) ぞ・する (4) なむ・ける
(5) こそ・いみじけれ

解説

61 (5) 「いみじけれ」は、形容詞シク活用「いみじ」の已然形。

訳 (1) これほどのことがあるか。
(2) 何か苦しいことがあるだろうか、いやない。
(3) 旧暦五月を待って咲く橘（たちばな）の花の香りをかぐと、以前親しかった人の袖の香りがする。
(4) 身分は低いものの、母は宮家の出身であった。
(5) 世は無常であるからこそ、すばらしい。

応用問題

本冊 p.75

解答

62 (1) エ (2) ウ
63 ウ
64 あらむ

解説

62 (1) 係助詞「こそ」の結びは已然形。
(2) 係助詞「ぞ」の結びは連体形。

訳 (1) 鎌倉へ下られた。
(2) 「東海道一の名人でございます。」と申し上げた。

63 「しか」は、過去の助動詞「き」の已然形。文末を已然形にする係助詞を選ぶ。

訳 籠もっていると聞きましたがめったにないことだと思った。

64 「にや」の後には「あらむ」を補う。

22 格助詞

基本問題

本冊 p.77

解答

65 (1) 主格　(2) 主格　(3) 連体修飾格
(4) 連体修飾格　(5) 準体格　(6) 準体格
(7) 連用修飾格(比喩)　(8) 同格　(9) 同格

解説

65 (5)(6)の準体格、および(8)(9)の同格の用法に注意する。

訳 (1) 雪が降り積もっているのは言うまでもなく、
(2) もし世の中に全く桜がなかったならば、春の(人の)心はのどかであろうのに。
(3) 父の大納言は亡くなって、
(4) 秀衡の跡は田や野になって、金鶏山だけが形を残す。
(5) 草の花は、なでしこ(がよい)。唐のものは言うまでもない。大和のものもたいそう素晴らしい。
(6) この歌は、ある人が言うことには、柿本人麻呂のものである。
(7) 春日野の雪間をわけて芽生えてくる草のように、わずかに(ちらりとだけ)見えたあなたよ。
(8) 白い鳥で、くちばしと脚とが赤い(鳥で)、鴫の大きさである鳥が、水の上を泳ぎながら魚を食べている。
(9) (紅梅の花が)色濃く咲いている木で、枝ぶりのよい木がございましたのを、

応用問題

本冊 p.78

解答

66 ウ

解説

66 例文の「の」は、同格の用法。アは連体修飾格、イ・オは主格、ウは同格、エは連用修飾格(比喩)。

訳 たいそうきれいな僧で、黄色の地の袈裟を着ている僧が来て、
ア (家の)中の様子はあまり荒れ果てていない。
イ (どうして)落ち着いた心もなく、花が散っているのだろう。
ウ あきれるほどの姿をした犬で、かなしそうな犬がふるえて歩き回る。
エ 日が暮れる頃に、いつものように集まった。
オ 字の下手な人がはばからず手紙を書き散らすのはよい。

23 接続助詞

基本問題

本冊 p.82

解答

67

(1) 順接の仮定条件・もし〜ならば
(2) 順接の確定条件(偶然条件)・〜と・〜ところ
(3) 順接の確定条件(原因理由)・〜ので・〜から
(4) 順接の確定条件(必然条件)・〜といつも
(5) 逆接の仮定条件・〜としても
(6) 逆接の確定条件・〜けれども
(7) 逆接の確定条件・〜のに・〜けれども
(8) 順接の確定条件・〜ので・〜から
(9) 打消の接続・〜ないで

解説

67 「ば」の訳に注意する。

訳 (1) 年ごろになったならば、きっと顔立ちもこの上なくよくなり、髪もたいそう長くなるだろう。
(2) 大空をふりあおいで見ると、(今まさに上ってくる月は、故郷の)三笠の山に出ていた月(と同じ月)だなあ。
(3) 京の都では見えない鳥であるので、(一行の)人々はだれも見知っていない。
(4) 翁は、気分が悪く苦しいときも、この子を見るといつも苦しいこともおさまってしまった。
(5) 用があって行ったとしても、その事が済んだならば、早く帰るのがよい。
(6) 秋が来たと目にははっきり見えないけれども、風の音で(秋が来たと)自然にはっと気づかされた。
(7) 旧暦十月下旬であるのに、紅葉が散らないで盛りである。
(8) 母が、物語などを探し求めて見せてくださるので、なるほど(私の心は)自然と晴れてゆく。
(9) 鬼がいる所とも知らないで、

応用問題

本冊 p.82

解答

68 エ

解説

68 例文の「で」は、ラ行変格活用動詞「あり」の未然形「あら」に接続。この「で」は接続助詞で、打消の接続「〜ないで」の意味。未然形接続の「で」を探す。エがラ行四段活用動詞「知る」の未然形「知ら」に接続しているので、打消の接続の接続助詞。

訳 聞き苦しくもなくて、たいそう趣深く聞こえる。
ア 奏上したけれど、御遊びの折で聞き入れなさらない。

イ　もっぱら女御の様子でいらっしゃった。
ウ　誰もみなあのようでありたいなあ。
エ　ものの情趣も知らないで、自分は酒を飲んでしまったので、

24　副助詞

基本問題

本冊 p.85

解答

69

(1) 類推・〜さえ
(2) 最小限の限定・せめて〜だけでも
(3) 類推・〜さえ
(4) 添加・〜までも
(5) 添加・〜までも
(6) 強意(強調)・特に
(7) 強意(強調)・ちょうど
(8) 強意(強調)・〜に限って

解説

69 「だに」「すら」「さへ」の訳に注意する。

訳 (1) (人が)ゆったりと一年を暮らす間でさえも、この上なくのんびりしているよ。
(2) 「せめて(私が空へ)昇っていくような姿だけでもお見送りください。」
(3) 高徳の僧でさえ前世のことを夢に見るのは、たいそう難しいということであるのに、
(4) 満月の明るさを十も合わせたほどであって、そこにいる人の毛の穴までも見えるほどである。

(5) 鹿の鳴く声を聞くと私までも自然と泣けてしまう。谷の庵は住みづらかったなあ。
(6) 都という名前を(特に)持っているならば、さあ、尋ねてみよう。都鳥よ。私がいとしく思う人は、(都で)生きているのか、いないのかと。
(7) 今ちょうど羽根という所に来た。
(8) 「今日に限って表近くの所にいらっしゃったなあ。」

応用問題

本冊 p.85

解答
70 A イ B ウ
71 強意(強調)の副助詞「し」＋係助詞「も」(強意(強調)の副助詞「しも」)＋ラ行四段活用動詞「なる」の連用形＋完了の助動詞「ぬ」の連用形

解説
71 「し」は除いても意味が通じるので、強意(強調)の副助詞。「に」は、「にたり」の形で、完了の助動詞「ぬ」の連用形。
訳 明らかになった。

25 終助詞

基本問題

本冊 p.88

解答
72 (1) 自己の願望・～たい (2) 他に対する願望・～てほしい (3) 自己の願望・～たいものだ (4) 自己の願望・～たいものだ (5) 願望・～であればなあ (6) 禁止・～な (7) 禁止・～な (8) 詠嘆・～なあ
73 そ

解説
72 終助詞は、願望や禁止、詠嘆などの意味を表す。それぞれの訳を覚えておく。
訳 (1) そこにいた人はみな、別当入道の包丁さばきを見たいと思うけれども、
(2) まだ満足していないのに、早くも月が隠れるか。山の端が逃げて月を入れないでほしい。
(3) そのままお仕えしたいものだと思うけれど、
(4) なんとかして、思い通りに死にたいものだ。

(5) 世の中に(死による)避けられない別れがなければよいなあ。親に千年も(生きていてほしい)と祈る子供のために。

(6) 「どうして射るのか、いや射る必要はない。射るな、射るな。」

(7) 「しっ、静かに。人に聞かせるな。」

(8) しみじみと悲しい事であるなあ。

73 禁止の終助詞「そ」は、副詞「な」と呼応する。「〜な」と訳す。

訳 むやみにこの道(=学問の道)を深く学ぶな。

応用問題

本冊 p.89

解答

74 ウ

75 ウ

76 (1) 迷わないでほしい。
(2) 尼上、早く帰りなさってほしい。

解説

74 「ばや」は、自己の願望を表す終助詞。

訳 「二人とも我がものにして見たい。」とお思いになる。

75 「なん」は、他に対する願望を表す終助詞。ウ「咲いてほしい」を選ぶ。

76 未然形に付いた「なむ」は、他に対する願望を表す終助詞。「〜てほしい」と訳す。

26 間投助詞

基本問題

本冊 p.91

解答

77 (1) 詠嘆・〜よ　(2) 詠嘆・〜よ
(3) 詠嘆・〜よ　(4) 呼びかけ・〜よ
(5) 強調・〜ね　(6) 強調・〜ね

解説

77 間投助詞は、他の語と間違わないように注意。

訳 (1) 人が言うようなことをまねをするとかいうよ。

(2) 私の心をなぐさめかねた。更級よ、姥捨山に照る月を見ていると。

(3) 「ああ、たいそう寒いなあ。」

(4) 「わが君よ。なぜ皆様方を捨ててお亡くなりになってしまわれたのか。」

(5) なんとかしてやはり、少しでも間違いを見つけてね、終わりにしよう。

(6) 「のんびり(待ちなさい)よ。」と慰めなさる。

応用問題

本冊 p.91

解答

78 エ

解説

78 アイウオの「や」は係助詞。エは詠嘆の間投助詞。

訳 ア「まだ人が起きているのであろうか。」と見えるので、
イ 勤行している人がいるのだろうか、
ウ 勤行が終わったのであろうか、
エ「素晴らしい月の光よ。」と独り言を言って、
オ 鈍色(にびいろ)や香染(こうぞめ)などであろうか、

長文問題　伊勢物語(都鳥)

本冊 p.92

解答

問一 ① 完了の助動詞「ぬ」の終止形
③ 打消の助動詞「ず」の連体形

問二 ② 強意(強調)の副助詞「し」＋係助詞「も」
(強意(強調)の副助詞「しも」)

問三 A 白い鳥で、くちばしと脚とが赤い(鳥で)、鴫ほどの大きさの鳥が、
B 都という名前を(特に)持っているならば、さあ、尋ねてみよう。都鳥よ。私がいとしく思う人は、(無事に)生きているのか、いないのかと。

問四 ウ

問五 (1) 在原業平　(2) イ

解説

問一 ①「暮れ」はラ行下二段活用動詞「暮る」。未然形も連用形も「暮れ」だが、下に句点「。」があるので、この「ぬ」は終止形。なので、完了の助動詞「ぬ」。
③「見え」はヤ行下二段活用動詞「見ゆ」。未然形も連用形も「見え」だが、下に体言「鳥」があるので、この「ぬ」は連体形。なので、打消の助動詞「ず」。

問三 A 同格の格助詞「の」の用法に注意。「白き鳥」と「嘴と脚と赤き(鳥)」と「鴫の大きさなる(鳥)」が同じ資格

で並んでいる。体言「鳥」を補って訳す。

B　強意(強調)の副助詞「し」の用法に注意。

問四　舟に乗る人がみな泣いたのは、歌の内容に感動したから。
歌の内容に共感し、みな都のことを思い出した。

現代語訳

さらに(旅を)続けて行って、武蔵の国と下総の国との間に、たいそう大きな川がある。それを隅田(すみだ)川という。その川のほとりに(一行は)集まって腰を下ろして(はるかに都へ)思いをはせると、限りなく遠くへ来てしまったものだなあ、と互いに嘆き合っていると、船頭が、「早く舟に乗れ、日も暮れてしまう。」と言うので、(舟に)乗って(川を)渡ろうとすると、(一行の)人々はみななんとなくつらい気持ちになって、(それぞれ)京の都にいとしく思う人がないわけでも(特に)ない。ちょうどそんな折も折、白い鳥で、くちばしと脚とが赤い(鳥で)、鴫(しぎ)ほどの大きさである鳥が、水の上を泳ぎながら魚を食べている。京の都では見かけない鳥なので、(一行の)人々はだれも見知っていない。船頭に尋ねると、「これが都鳥(だよ)。」と言うのを聞いて、

都という名前を(特に)持っているならば、さあ、尋ねてみよう。都鳥よ。私がいとしく思う人は、(無事に)生きているのか、いないのかと。

と詠んだので、舟の中の人たちはみな泣いてしまった。

重要語句

わぶ(バ行上二段活用動詞)＝つらく思う。嘆く。

合ふ(ハ行四段活用補助動詞)＝みんな〜する。互いに〜する。

わびし(形容詞シク活用)＝つらい。

しも＝強意(強調)の副助詞「し」＋係助詞「も」(強意(強調)の副助詞「しも」)。

名に負ふ＝①名前として持つ。②有名である。評判である。

いざ(感動詞)＝さあ。

あり(ラ行変格活用動詞)＝生きている。無事でいる。

作品

伊勢物語　→*p.26*参照。

27 副詞

基本問題

本冊 p.96

解答

79 ず

80 (1) イ (2) オ (3) ア (4) エ

解説

79 副詞「さらに」は、否定の語と呼応する。

訳 全く後れなさるだろうとも見えなさらない。

80 呼応する副詞を選ぶ。(1)「たとひ」は「とも」と、(2)「よも」は「じ」と、(3)「つゆ」は「ず」と、(4)「いかで」は「ばや」と呼応する。

訳 (1) たとえ耳や鼻が切れてなくなるとしても、命だけはどうして助からないだろうか、いや助かる。

(2) 僧都はまさか(女性を)そのようには住ませなさらないだろうに、どういう人だろう。

(3) 知らない人の間にうち伏して、少しもまどろむことができない。

(4) 世の中に物語というものがあるそうであるのを、なんとかして見たいものだと思いながら、

応用問題

本冊 p.96

解答

81 イ 82 オ 83 イ 84 イ

解説

81 「え」は打消の語と呼応する副詞。可能の意味を表す。

訳 足も手も腰も折れて、起きて座ることもできない。

82 副詞「よに」は助動詞「じ」と呼応して、「決して～ないだろう」の意味を表す。ハ行四段活用動詞「のたまふ」は、尊敬語で「おっしゃる」という意味。

83 副詞「な」は終助詞「そ」と呼応して、「～するな」の意味を表す。

84 「いかで」は終助詞「もがな」と呼応して、「なんとかして～したい」の意味を表す。

訳 やはりなんとかして死んでしまう方法があればよいなあ(＝手立てがほしい)、と嘆く。

長文問題　更級日記（源氏の五十余巻）

本冊 p.98

解答

問一　a ひつ　b きちょう　c けさ
問二　① ア　② イ　④ ウ　⑤ エ
問三　B じれったく（もどかしく）
C 読みたく（見たく）
D 残念に
E かわいらしく
G すばらしい
問四　(1) エ　(2) ア　(3) エ
問五　A 人に相談することもできない。
F 実用的なものは、きっとよくないだろう。
問六　ウ
問七　強意の助動詞「ぬ」の未然形＋推量の助動詞「む」の終止形
問八　(1) 后の位も何にかはせむ。
(2) 我はこ～あらめ
問九　はかなし・あさまし

解説

問二　「なり」の識別の問題。
① 体言「をば」に接続しているので、断定の助動詞「なり」。
② 終止形も連体形も「給ふ」なので、接続からでは判断できない。おばは、作者が『源氏物語』を読みたがっていることを人づてに聞いたと思われるので、伝聞の助動詞「なり」。
④ 「～かなり」「～げなり」は形容動詞。「清げなる」は形容動詞ナリ活用「清げなり」の連体形。
⑤ ラ行四段活用動詞「なる」。ここは「年ごろになった」という意味。

問五　A 副詞「え」＋打消の助動詞「ず」で「～できない」。
F 「まめまめし」は「実用的だ」、「まさなし」は「よくない」の意味。「な」は強意の助動詞「ぬ」の未然形、「む」は推量の助動詞「む」の終止形で、「きっと～だろう」の意味。

問七　「なり」はラ行四段活用動詞「なる」の連用形。連用形に接続する「なむ」は、強意の助動詞「ぬ」の未然形＋推量の助動詞「む」の終止形。

問八　(1) 帝の后になることが問題ではないぐらい、『源氏物語』を読むことがうれしかったのである。
(2) 受領（ずりょう）階級の作者が、現実を顧みず、『源氏物語』のヒロインに自らをなぞらえているのは「夢見る」気持ちからである。

問九　「はかなし」は「頼りない」、「あさまし」は「驚きあきれる」の意味。

現代語訳

（身近に不幸なことが続いて、私が）このようにふさぎ込んでばかりいるので、心を慰めようと、心配して、母が、物語などを探し求めて見せてくださるので、なるほど（母の思ったとおり、私の心は）自然と晴れてゆく。『源氏物語』の「若紫」の巻を見て、（その）続きが見たく思われるが、人に相談することもできない。（家の者は）だれもまだ都に住み慣れないころであって、見つけだすことができない。たいそうじれったく、読みたく思われるので、「この『源氏物語』を、第一の巻から全巻お見せください。」と、心の中で祈る。親が太秦に参籠しなさったときにも、ほかのことは祈らず、このことをお願い申し上げて、（寺から）帰るとすぐに（ご利益によって）この物語を最後まで読もうと思うけれど、見ることができない。

たいそう残念に自然と嘆かわしく思われるときに、おばである人が、田舎から上京している家に（親が私を）行かせたところ、（そのおばが）「たいそうかわいらしく成長したなあ。」などと言って、しみじみとなつかしがったり、珍しがって、（私が）帰るときに、「何を（おみやげに）さしあげよう。実用的なものは、きっとつまらないだろう。（あなたが）ほしがっていらっしゃるとかいうものをさしあげよう。」と言って、『源氏物語』の五十余巻を、木箱に入ったままで、（その他にも）『在中将』『とほぎみ』『せり河』『しらら』『あさうづ』などという物語の数々を、一つの袋に入れて、（それらを）もらって帰る気持ちのうれしさといったらたいへんなものだよ。

（今まで）とびとびに、少しばかり見ては、話の筋も分からずじれったく思う『源氏物語』を、第一の巻から、誰にも邪魔されず、（一人静かに）几帳の中で横になって（次々と箱から）引き出しては読んでいく気持ちは、皇后の位も（この喜びに比べたら）なんにしようぞ（問題ではない）。昼は一日じゅう、夜は目の覚めている限り、ともしびを近くにともして、この『源氏物語』を読む以外のことがないので、自然とそらんじて（作品の内容が心に）浮かびなどするのを、すばらしいことだと思うと、夢の中に、たいそうきれいな僧で、黄色の地の袈裟を着た僧が（出て）来て、「法華経の五の巻を早く習え。」と言うと見るけれど、（そのことは）誰にも話さず、習おうとも思わない。（ただ）物語のことばかりを心の中で思いつめて、「わたしは今は（顔立ちが）よくないのだよ。（けれども）年ごろになったら、きっと顔立ちもこの上なくよくなり、髪も（きっと）たいそう長くなるだろう。光源氏の夕顔、宇治の大将の浮舟の姫君のようであろう。」と思った心は、（今から思うと）なんといってもたいそう頼りなく（＝たわいなく）、あきれる（ほど幼いことである）。

重要語句

かく（副詞）＝このように。
心苦しがる（ラ行四段活用動詞）＝気の毒がる。心配する。
心もとなし（形容詞ク活用）＝①じれったい。もどかしい。
②気がかりだ。不安だ。③ぼんやりしている。
ゆかし（形容詞シク活用）＝読みたい。見たい。心ひかれる。
口惜し（形容詞シク活用）＝残念だ。

うつくし（形容詞シク活用）＝かわいらしい。

あはれがる（ラ行四段活用動詞）＝しみじみ懐かしがる。いとおしむ。

まめまめし（形容詞シク活用）＝実用的だ。

まさなし（形容詞ク活用）＝よくない。

いみじ（形容詞シク活用）＝①（程度が）甚だしい。②素晴らしい。③ひどい。

そらなり（形容動詞ナリ活用）＝①上の空だ。②いい加減だ。③（連用形「そらに」の形で）暗記して。

清げなり（形容動詞ナリ活用）＝さっぱりして美しい。

しむ（マ行下二段活用動詞）＝思いつめる。

わろし（形容詞ク活用）＝よくない。美しくない。

まづ（副詞）＝なんといっても。いやもう。

はかなし（形容詞ク活用）＝①頼りない。②何にもならない。③たわいもない。④ちょっとしたことである。

あさまし（形容詞シク活用）＝驚きあきれる。意外だ。

作品 **更級日記**（さらしな）　平安時代中期（一〇六〇年頃）に成立した日記。作者は菅原孝標女（すがわらのたかすえのむすめ）。作者が五十三歳の頃、物語にあこがれて夢見る少女時代からの約四〇年を回想して書いた日記。母方の叔母に『蜻蛉日記』の作者、藤原道綱の母がいる。

十三歳のとき上総守（かずさのかみ）であった父に連れられて帰京。京でおばに『源氏物語』をもらい、いつか夕顔や浮舟のような恋をしたいとあこがれる。三十歳を過ぎて宮仕えをするものの専念できず、三十三歳頃に結婚。この頃から仏教に傾倒し、わが子や夫の現世利益を願って物詣でに出かけていくようになった。

28 敬語の種類

基本問題

本冊 p.104

解答

85

(1) 尊敬語・くださる・作者→惟喬(これたか)の親王(みこ)
(2) 尊敬語・(お)～なさる・作者→帝
(3) 尊敬語・いらっしゃる・作者→惟喬の親王
(4) 尊敬語・(お)～なさる・作者→帝
(5) 尊敬語・お思いになる・作者→帝
(6) 尊敬語・ご覧になる・作者→帝
(7) 尊敬語・お休みになる・作者→親王
(8) 謙譲語・さしあげる・作者→惟喬の親王
(9) 謙譲語・(お)～申し上げる・翁→かぐや姫
(10) 謙譲語・参上する・粟田殿→帝
(11) 謙譲語・申し上げる・作者→中納言
(12) 謙譲語・帝に申し上げる・安倍晴明→帝
(13) 謙譲語・お仕えする・作者→宮の御前(中宮定子)
(14) 丁寧語・おります・ある人→光源氏
(15) 丁寧語・～ます・作者→読者

解説

85 敬語の種類を見分けられるようにしておく。敬意の主体は、地の文で用いられているか会話文で用いられているかで見分ける。

訳

(1) (惟喬(これたか)の親王(みこ)は、男に)お酒をくださり、ほうびをお与えになろうとして、
(2) 花山寺にご到着なさって、(帝が)御髪を切りなさって(ご出家なさって)後に、
(3) 昔、惟喬の親王と申す親王がいらっしゃった。
(4) しみじみ悲しいことは、(帝が)退位なさった夜、
(5) 帝は、源氏の君をこの上なく大切なものとお思いになるが、
(6) (帝が)ご覧になったのを、
(7) 親王は、お休みにならないで、夜を明かしなさってしまった。
(8) あの馬の頭は、(歌を惟喬の親王に)さしあげた。
(9) (翁が)「かぐや姫をお育て申し上げること二十年あまりになった。」
(10) (粟田殿が)「必ず(帝のもとに)参上しましょう。」
(11) 「それでは扇の(骨)ではなくて、くらげの(骨)であるようだ。」と(中納言に)申し上げると、
(12) (安倍晴明が)「宮中に参内して帝に申し上げよう」
(13) 中宮のおそば近くにお仕えして、中宮に話を申し上げげなど、ほかのことばかりを言うのも、
(14) ある人が(光源氏に)「北山に、なにがし寺という所に、優れた修行者がおります。」
(15) 五月五日、賀茂の競馬を見ましたところが、

応用問題

本冊 p.105

解答

86 (1) ア　(2) イ　(3) イ　(4) ウ　(5) ア

87 A オ　B オ

解説

86 敬語動詞をきちんと覚えて見分けられるようにしておく。

訳 (1) 尊くていらっしゃった。
(2) 神へ参詣するのが本意である。
(3) ある人に誘われ申し上げて、
(4) 明けるまで月を見歩くことがございましたところ、
(5) 案内をさせてお入りになった。

87 「聞こえさす」は謙譲の動詞。「言ふ」の謙譲語で「申し上げる」の意味。

29 注意すべき敬語表現

基本問題

本冊 p.107

解答

88 (1) a 謙譲語・お仕え申し上げる・作者→帝
b 尊敬語・(お)〜なさる・作者→女御、更衣
(2) a 謙譲語・さしあげる・作者→帝
b 尊敬語・(お)〜なさる・作者→かぐや姫

解説

88 重ねられている敬語のそれぞれについて考えていく。敬語は、「謙譲語＋尊敬語」の順番で重ねられる。

訳 (1) 女御、更衣が(帝に)たくさんお仕え申し上げなさった中で、
(2) (かぐや姫は)たいそう静かに帝にお手紙をさしあげなさる。

応用問題

本冊 p.108

解答

89 オ

90 イ

解説

89 「まず(私が)見申し上げて帝に申し上げましょう。」という文脈。帝に申し上げるときには「奏す」を用いる。

訳 「帝が待ち遠しく思い申し上げなさるので、まず(私が)見申し上げて帝に申し上げましょう。」と申し上げなさったが、

90 「せ」は尊敬の補助動詞「おはします」についており、使役の対象もないので、尊敬の意味。

訳 帝もまだお休みになっていらっしゃらず、

長文問題 徒然草(九月二十日のころ)

本冊 p.109

解答

問一 a ながつき b あない c つまど d けしき

問二 ① 謙譲語・作者からある人へ ② 丁寧語・作者から読者へ ③ 尊敬語・作者からある人へ

問三 ④ ウ ⑤ イ

問四 ウ

問五 B すぐに(妻戸の)掛け金を掛けて奥へ引きこもったならば、残念であっただろうのに。 C 男が去った後まで(自分のことを)見る人がいると、どうして知っているだろうか、いや知らないだろう。

問六 わざとならぬにほひ・しのびたるけはひ

解説

問二 ① 地の文の謙譲語は、作者から客体に対する敬意。客体は「ある人」。ここから、「ある人」は作者より身分の高い貴人だとわかる。
② 地の文の丁寧語は、作者から読者に対する敬意。
③ 地の文の尊敬語は、作者から主体に対する敬意。主体は「ある人」。

問四 「よきほどにて」は、「出でたまひぬれど」にかかる。

問五 B 「ましかば～まし」の反実仮想の用法。

C 「いかでか」は副詞「いかで」＋係助詞「か」。反語で「どうして～か、いや～ない」という意味。

問六 「朝夕の心づかひ」とは、「ふだんの心がけ」のこと。訪れた先の女性がふだん行っていたことを答える。

現代語訳

旧暦九月二十日のころ、（私は）ある人に誘われ申し上げて、夜が明けるまで月を見て歩くことがありましたが、（ある人は）思い出しなさる（女の）家があって、（従者に）取り次ぎをさせてお入りになった。荒れている庭の露がいっぱいおりている所に、わざわざ（たいた）というのでもない香の匂いが、しっとりと香って、（世間から遠ざかって）ひっそりと暮らしている様子は、たいそう情趣深く感じられる。

（ある人は）ほどよい時間で出ておいでになられたが、なおも（その場の）様子が優雅に思われて、（私が）物陰からしばらく見ていると、（女は）妻戸をもう少し押しあけて、月を見る様子である。（もし）すぐに（妻戸の）掛け金を掛けて奥へ引きこもったならば、残念であっただろうのに。（その）後まで（自分のことを）見る人がいると、（女は）どうして知っているだろうか、いや知らないだろう。こうしたことは、まったくふだんの心がけによるのだろう。その女の人は、間もなく亡くなってしまったと聞きました。

重要語句

おぼしいづ（ダ行下二段活用動詞）＝「思ひ出づ」の尊敬語。思い出しなさる。

案内す（サ行変格活用動詞）＝取り次ぎを頼むこと。来意を告げること。

しのぶ（バ行上二段活用動詞）＝隠れる。人目を避ける。

けはひ（名詞）＝様子。

ものあはれなり（形容動詞ナリ活用）＝なんとなくしみじみとした情趣がある。

ことざま（名詞）＝（物事や心の）様子。

優なり（形容動詞ナリ活用）＝優雅だ。上品だ。

やがて（副詞）＝①そのまま。②すぐに。

口惜し（形容詞シク活用）＝残念だ。

いかで（副詞）＝①疑問。どうやって。どのようにして。②反語。どうして～（か、いや～ない）。③願望。なんとかして。

作品

徒然草（つれづれぐさ） 鎌倉時代末期（一三三一年頃）、吉田兼好によって書かれた随筆。作者の俗名は卜部兼好（うらべかねよし）。吉田神社の神官の家に生まれたので吉田兼好ともいう。三十歳頃出家して「兼好（けんこう）」と号した。和歌四天王の一人でもある。内容は人生観、自然観、有職（ゆうそく）故実（こじつ）や説話的なものまで多彩で、和漢の高い知性と教養がうかがわれる。

漢文

30 訓読のきまり

基本問題 本冊 p.114

解答

91
(1) [3]㆑[2]㆑[1]。
(2) [4]㆑[3]㆓[1][2]㆒。
(3) [4]㆓[1][3]㆒㆑[2]。
(4) [7]㆘[1][6]㆗[4]㆓[2][3]㆒[5]㆖。
(5) [3]㆓[4][2]㆒㆑[1]。

92
(1) [3]㆓[1][2]㆒[6]㆓[4][5]㆒。
(2) [6]㆑[5]㆓[1][2][4]㆒㆑[3]。
(3) [6]㆕[4]㆔[5][3]㆓[1][2]㆒。

93
(1) 傍らに人無きがごとし。
(2) 直だ百歩ならざるのみ。
(3) 敢へて走らざらんや。
(4) 青は之を藍より取りて、藍よりも青し。
(5) 千里の馬は常に有れども、伯楽は常には有らず。

解説

93 (1) 「ごとし」は助動詞なので平仮名で書き下す。
(2) 「ざる」は助動詞、「のみ」は助詞なので平仮名で書き下す。
(3) 「ざら」は助動詞、「や」は助詞なので平仮名で書き下す。
(4) 文中の「於」「而」は置き字なので書き下さない。
(5) 文中の「而」は置き字なので書き下さない。「ず」は助動詞なので平仮名で書き下す。

訳 (1) 側に人がいないようだ。
(2) ただ百歩でないだけだ。
(3) どうして逃げないことがあろうか、必ず逃げる。
(4) 青色は藍からこれを取るが、藍よりも青い。
(5) 千里の馬はいつもいるのだが、(それを見抜く)伯楽はいつもいるとは限らない。

応用問題 本冊 p.115

解答

94
(1) 瓜田ニ不㆑納レ㆑履ヲ、李下ニ不㆑正サ㆑冠ヲ。
(2) 不ンバ㆑入ラ㆓虎穴ニ㆒、不㆑得㆓虎子ヲ㆒。
(3) 寧ロ為ルトモ㆓鶏口ト㆒、無カレ㆑為ルコト㆓牛後ト㆒。
(4) 不㆘為ニ㆓児孫ノ㆒買ハ㆗美田ヲ㆖。
(5) 如シ㆘揮ヒテ㆓快刀ヲ㆒断ツガ㆗乱麻ヲ㆖。

解説

94 平仮名に書き下されている助詞や助動詞に注意して、送り仮名・返り点・句読点をつける。

訳 (1) 瓜畑でくつをはきなおさない、スモモの木の下で冠を直さない。
(2) 虎のすむ穴に入らなければ、虎の子を得ることができない。
(3) むしろ小さな集団の長になっても、大きな集団の末端となるな。
(4) 子や孫のためによい田を買わない。
(5) よく切れる刀をふるってからまった麻を切るようなものだ。

---

31 再読文字

基本問題

本冊 p.117

解答

95
(1) 未だ与(とも)に議するに足らざるなり。
(2) 天将に夫子を以て木鐸と為さんとす。
(3) 田園将に蕪(あ)れんとす。
(4) 酒を引きて且に之を飲まんとす。
(5) 時に及んで当に勉励すべし。
(6) 応に故郷の事を知るべし。
(7) 行楽須らく春に及ぶべし。
(8) 惟だ仁者のみ宜しく高位に在るべし。
(9) 過ぎたるは猶ほ及ばざるがごとし。
(10) 盍ぞ各爾(おのおのなんぢ)の志を言はざる。

96
(1) 将ニレ限ラントニ其ノ食ヲ一。
(2) 勧ムレ君ニ、須ラクシレ惜シムニ少年ノ時ヲ一。

解説

95 再読文字の読みに注意して書き下す。
訳 (1) まだ一緒に議論するに足る人物ではない。
(2) 天は今にも孔子先生を社会の指導者にしようとしている。
(3) 田園が今にも荒れようとしている。
(4) 酒を引いて今にもこれを飲もうとしている。

(5) よい時期を逃さず当然勉強するべきである。
(6) おそらく故郷のことを知っているだろう。
(7) 楽しみをなすこと、ぜひとも、春を逃さない必要がある。
(8) ただ人徳を持った人だけが高い地位にいるのがよい。
(9) やり過ぎはちょうどやり足らないのと同じである。
(10) どうしてめいめい自分の抱負を言わないのか。

96 「将に～んとす」「須く～べし」に正しく訓点を施す。

訳 (1) 今にもその食料を制限しようとした。
(2) あなたにお勧めする、ぜひとも若い時を大切にする必要がある。

応用問題

本冊 p.118

解答
97 オ

解説
97 「当」を「当に～べし」の順で二度読む。

訳 当然激怒させて血をはかせるべきだ。

長文問題 論語・春秋左氏伝

本冊 p.119

解答
一
問一 こたへ・目上の人にお答えする。
問二 葉公問フ二孔子ヲ於子路ニ一。
問三 a イ　b ウ　c イ
問四 オ
問五 不レ知ニ老之将レ至。

解説
問二 「於」は置き字で、読まない、書き下さない。
問五 「将」は再読文字。「将に～んとす」と二度読む。

書き下し文
葉公(せふこう)孔子を子路に問ふ。子路対(こた)へず。子曰く、「女奚(なんぢなん)ぞ曰はざる、『其の人(ひと)と為(な)りや、憤りを発して食を忘れ、楽しみて以て憂ひを忘れ、老いの将に至らんとするを知らず。』と。云爾(しかい)ふ。」と。

現代語訳
(楚の地方長官であった)葉公(しょうこう)が孔子の人物を子路に尋ねた。子路はお答えしなかった。孔子が(これを聞いて)言うことには、「おまえはなぜ(次のように)言わなかったのか、『その人柄は、(学問上、疑問点が生じると)何とか理解しようと心を奮い立たせては食事も忘れ(熱中し)、(それが理解できると)喜び楽しんでは心配事を忘れ、老いが今にもやってこようとしているのを知らない。』と。このようなものだ。」と。

重要語句

対ふ(こた)＝お答えする。多く、目上の人に対して答えるのに用いる。
女(なんぢ)＝おまえ。「汝」と同じ。
奚(なん)**ぞ〜ざる**＝「どうして〜しないのか、(すればよいではないか)」という勧誘。「何ぞ〜ざる」「盍ぞ〜ざる」と同じ。
将(まさ)**に〜(んと)す**＝「今にも〜しようとしている・〜しそうだ」という再読文字。

作品

論語(ろんご) 孔子の言行や、門人との問答などを集めたもの。春秋時代末期(紀元前四五〇年頃?)に成立したとされるが、不明。編者不明。孔子の門人や孫弟子などの手で編集され、現在の形になったのは漢代(紀元前二世紀)と考えられている。

解答

二
問一 a そひと・楚の国の人
b そうひと・宋の国の人
問二 軍隊
問三 宋公
問四 及(三)其 未(二)既 済(一)也、
問五 (1)「君未だ戦ひを知らず。」と。
(2) オ

解説

問二 「師」には①軍隊、②かしら・長、③人を教え導く人・先生と仰ぐ、④専門家、⑤役人、⑥多くの人、などの意味がある。ここでは「軍隊」の意味。
問三 「寡人(かじん)」は、「徳の少ない人」の意味で、諸侯の自称に用いられる。
問四 「也」は、ここでは読まない、書き下さない。
問五 この故事から、敵につまらぬ情けをかけることを「宋襄の仁」と言うようになった。

書き下し文

宋公楚人(そひと)と泓(わう)に戦ふ。宋人(そうひと)既に列を成し、楚人未だ既に済(わた)らず。司馬曰く、「彼は衆(おほ)く我は寡(すくな)し。其の未だ既に済らざるに及び、請ふ之を撃たん。」と。公曰く、「不可なり。」と。既に済りて未だ列を成さず。又以て告ぐ。公曰く、「未だ可ならず。」と。既に陳して後に之を撃つ。宋師敗績し、公股に傷つき、門官殲(つ)く。国人皆公を咎(とが)む。公曰く、「君子は傷を重ねず、二毛を禽(とりこ)にせず。古の軍を為すや、隘(あい)に阻(そ)するを以(もち)ひざるなり。寡人(かじん)亡国の余と雖も、列を成さざるに鼓せず。」と。子魚曰く、「君未だ戦ひを知らず。」と。

現代語訳

宋公は楚の国の人と泓(おう)で戦った。宋の国の人は既に軍隊を連ねていたが、楚の国の人はまだみんなは川を渡っていなかった。軍官が言うことには、「敵は多く味方は少ない。敵がまだことごとくは渡らないうちに、どうか敵を攻撃したい。」と。宋公が言うには、「だめである。」と。（楚の国の人は）すべて川を渡ってまだ隊列を整えていなかった。（軍官は）また告げた。宋公が言うことには、「まだだめである。」と。（楚の国の人が）すでに隊列を整えて後に攻撃した。宋の軍隊は敗れ、宋公は股に傷を受けて、左右の警護のものも死んだ。宋の国の人はみんな宋公を咎めた。宋公が言うことには、「徳の高い人は傷ついた者を傷つけないし、白髪交じりの老人を捕虜にしない。古代の軍の用い方では、狭く険しいところで敵を苦しめなかったのである。私は亡国の子孫であるけれども、隊列を整えていない者に太鼓を打って攻撃することはないのである。」と。子魚が言うことには、「君はまだ戦いを知らない。」と。

重要語句

未(いま)**だ〜ず**＝「まだ〜ない」という再読文字。

衆(おほ)**し**＝多い。　**寡**(すくな)**し**＝少ない。

可(か)**なり**＝よい。

請(こ)**ふ〜ん**＝「どうか〜させてほしい・〜したい」という願望。

二毛＝白髪まじりの老人。

作品

春秋左氏伝(しゅんじゅうさしでん)　孔子が編纂(へんさん)したといわれる魯(ろ)の国の編年体の歴史書である「春秋」の本文に、左丘明(さきゅうめい)がさらに詳しい事件の動きや人物の言行を付け加えたもの。戦国時代（紀元前三五〇年頃？）に成立したとされる。

32　受身形

基本問題

本冊 p.123

解答

98
(1)　厚き者は戮(りく)せられ、薄き者は疑はる。
(2)　心を労する者は人を治め、力を労する者は人に治めらる。
(3)　先んずれば即ち人を制し、後るれば即ち人の制する所と為る。
(4)　嘗(かつ)て楚に遊び、楚相の辱しむる所と為る。
(5)　誹謗する者は族せられ、偶語する者は棄市せらる。

解説

98　受身形に注意して書き下す。

訳
(1)　ひどい場合には殺され、軽い場合には疑われた。
(2)　頭を使う者は人を治め、力を使う者は人に治められる。
(3)　人に先んじて行動すれば人を制圧することができるが、人に遅れると人に制圧される。
(4)　かつて楚に遊説に出かけ、楚の大臣に侮辱された。
(5)　（政治の）悪口を言う者は一族皆殺しにされ、二人で語り合う者は死刑にされ死体を市中にさらされる。

応用問題

本冊 p.124

解答

99 ア

解説

99 「為」「所」から、「Aの～する所と為る」という受身形を見抜く。「冥官の追議する所と為り、」の返り点、書き下し文の組み合わせで決定する。

訳 蛇が(生前に)人をかみ殺し、冥界の裁判官に生前の罪を裁かれ、判決は死罪となった。

長文問題　後漢書

本冊 p.125

解答

問一 b イ　d エ

問二 a オ　c ア

問三 不レ為二陳君所一レ短。
陳君にそしられないようにしよう。
(＝陳君に非難されたくない。)

問四 オ

問五 ウ

問六 ウ

解説

問二 a 「荒」には「飢饉（ききん）・不作」の意味がある。
c 「色を正す」とは「改まった顔つきになる」意味。

問三 「Aの～する所（ところ）と為（な）る」の受身の句法が用いられている。

問四 「不可不～」は、「～ざるべからず」という二重否定の句法。「～しなくてはならない」の意味。「勉」は「努力する」意味。

問五 「自」は「自分で」の意味のときは「みづから」と読み、「自然に」の意味のときは「おのづから」と読む。ここでは「自分で」の意味なので「みづから」。

問六 「不善の人、未だ必ずしも本悪ならず」とある。「梁上の君子」は現在、「泥棒・盗人」または「ねずみ」の意味で用いられる。

書き下し文

陳寔、字は仲弓、潁川の許の人なり。寔郷閭に在りて、心を平らかにして物を率ゐる。其の争訟有るや、輒ち判正を求む。曲直を暁譬するに、退きて怨む者無し。乃ち歎じて曰ふに至る、「寧ろ刑罰の加ふる所と為るとも、陳君の短る所と為らず。」と。時に歳荒にして民倹なり。盗有り夜其の室に入り、梁上に止まる。寔陰かに見、乃ち起ちて自ら整払し、子孫を呼命し、色を正し之に訓へて曰く、「夫れ人は自ら勉めざるべからず。不善の人は、未だ必ずしも本悪ならず。習ひ性と成り、遂に此に至る。梁上の君子なる者是なり。」と。盗大いに驚き、自ら地に投じ、稽顙して罪に帰す。

現代語訳

陳寔、字は仲弓、潁川の許の人である。陳寔は(官吏をやめて)郷里で暮らし、心を公平にして物事を導いた。村に訴訟があると、そのたびごとに(陳寔に)正しい判断を求めた。ことの善悪をわかりやすく諭すと、その場から退いて後から恨む者はいなかった。そこで感心してため息をついて言うに至るようになった、「いっそ刑罰を加えられても、陳君にそしられないようにしよう。」と。ある年不作で民が貧しくなった。盗人がおり夜陳寔の家に入り込み、はりの上に止まった。陳寔はこっそり見つけると、そこで起き上がって自分で身なりを整え、子や孫を呼んでくるよう命じ、改まった顔つきになり子や孫に教え諭して言うことには、「そもそも人は自分で努力しなくてはならない。不善の人も、まだ必ずしももともと悪人ではない。習慣が生まれながらの性質と同じになり、そのままついにここに至る。梁上の君子である者はこれである。」と。盗人は非常に驚いて、自分で地面に降りて、額を地面につけて敬礼をし罪に帰した。

重要語句

輒ち＝そのたびごとに。
曲直＝間違いと正しさ。「曲」は「よこしま・不正」という意味。「直」は「正しい」という意味。
乃ち＝そこで。
寧ろ〜とも、…(せ)ず＝「〜はしても、…はしない」という選択。
Aの〜する所と為る＝「Aに〜される」という受身。
短る＝欠点をあげて悪く言う。非難する。
陰かに＝こっそり。
色を正す＝様子をきちんと正しくする。顔つきを真剣にする。
訓ふ＝説き聞かせる。
未だ必ずしも〜ず＝「必ずしも〜するとは限らない」という再読文字を使った部分否定。

作品

後漢書　後漢の歴史を記した正史。南朝の宋の范曄の編。四二三年頃成立。

33 使役形

基本問題

本冊 p.128

解答

100 (1) 子路をして之を問はしむ。
(2) 天帝我をして百獣に長たらしむ。
(3) 故人に命じて之を書せしむ。

解説

100 使役形に注意して書き下す。

訳 (1) 子路にこれを尋ねさせた。
(2) 天帝は私を百獣の王にさせた。
(3) 親友に命じてこれを書き写させた。

応用問題

本冊 p.128

解答

101 イ
102 オ

解説

102 「使」を「しむ」と読む。

訳 できればどうか王烈にこのことを聞かせないでくれ。

34 否定形

基本問題

本冊 p.131

解答

103 (1) 歳月は人を待たず。
(2) 備へ有れば患(うれ)ひ無し。
(3) 惻隠(そくいん)の心無きは、人に非ざるなり。
(4) 己の欲せざる所、人に施すこと勿かれ。
(5) 子敢へて我を食らふこと無かれ。

104 (1) 物に於いて陥(とほ)さざる無きなり。
(2) 寒きを悪(にく)まざるに非ざるなり。
(3) 千里の馬は常に有れども、伯楽は常には有らず。
(4) 師は必ずしも弟子(ていし)より賢ならず。
(5) 兎(うさぎ)復(ま)た得(う)べからず。

解説

103 否定形に注意して書き下す。
(5) 「也」は、ここでは読まない、書き下さない。

訳 (1) 年月は(人の都合などおかまいなしで)人を待ってくれない。
(2) (平生からいざという時のために)事に備えて準備をしていれば(何の)心配もない。
(3) あわれみの心がないものは、人間ではないのである。

(4) 自分が望まないことは、他人にしてはいけない。
(5) あなたは決して私を食べてはならない。

104 二重否定や部分否定の形に注意して書き下す。

訳 (1) どんなものでも通さないものはないのである。
(2) 寒さを憎まないのではないのである。
(3) 千里の馬はいつもいるのだが、(それを見抜く)伯楽はいつもいるとは限らない。
(4) 師が必ず弟子よりすぐれているとは限らない。
(5) うさぎはもう二度とは手に入れることができない。

応用問題

本冊 p.132

解答

105 ウ
106 財貨はそれが地にむだに捨てられることを(人々は)憎むが、(財貨を)必ず自分のためにしまっておくとは限らない。
107 ウ

解説

105 問題文は、「人無きを以て芳(かんば)しからざるに非ず。」と書き下す。「非不~」で、二重否定の形。「~(し)ないのではない」と訳す。

106 問題文は、「貨は其の地に棄てらるるを悪(にく)めども、必ずしも己に蔵(おさ)めず。」と書き下す。「也」は、ここでは読まない、書き下さない。「不必~」で、部分否定の形。「必ず~とは限らない」と訳す。

107 問題文は、「更に復(ま)た蘇(よみがへ)らず。」と書き下す。「不復~」は、部分否定の形。「二度とは~しない」と訳す。

長文問題　西京雑記

本冊 p.133

解答

- 問一　a　すなはち(すなわち)
- b　つひに(ついに)
- c　ここにおいて
- 問二　オ
- 問三　使ニ画工図レ形。
- 問四　オ
- 問五　イ
- 問六　エ

解説

問二　「挙止」の「挙」は「行動・振る舞い」の意味。**ア**「挙国」の「挙」は「こぞって・みな」、**イ**「選挙」の「挙」は「選び取る」、**ウ**「挙手」の「挙」は「下から上へあげる」、**エ**「列挙」の「挙」は「並べ立てる」、**オ**「挙動」の「挙」は「行動・振る舞い」の意味。

問四　他の宮女はみんな画家に賄賂(わいろ)を贈った。ひとり王嬙だけは、賄賂を贈ろうとしなかったのである。

問五　王嬙だけ、画工に賄賂を贈らなかったので、美しく肖像画を描いてもらえなかった。元帝は実物ではなく、肖像画を見て考えてから、宮女を呼んで寵愛したので、美しく描いてもらえなかった王嬙は呼ばれることもなく、元帝にお目通りがかなうこともなかったのである。

問六　名簿はすでに決定していたし、元帝は外国に対して信用を重んじたので、そのまま変更することなく、王嬙は匈奴に嫁ぐことになり、閼氏になった。

有名な「王昭君」の話である。元帝の命令で、匈奴の呼韓(こかん)邪単于(やぜんう)に嫁し、夫の死後、その子の妻となったという。中国王朝の政策の犠牲となった女性として、さまざまな文学、絵画の素材となった。元曲「漢宮秋」はその代表である。

書き下し文

元帝の後宮既に多く、常には見(まみ)ゆるを得ず。乃ち画工をして形を図(あが)かしむ。図を案じて之を召幸す。諸宮人皆画工に賂(まひなひ)す。多き者は十万、少なき者も亦た五万を減ぜず。独り王嬙(わうしやう)のみ肯(がへ)んぜず。遂に見(まみ)ゆるを得ず。匈奴入朝し、美人を求めて閼氏(あつし)と為さんとす。是(ここ)に於(お)いて上(しやう)図を案じ、王嬙を以て行かしむ。去るに及びて召見せらるるに、貌後宮第一たり。応対を善くし、挙止閑雅なり。帝之を悔ゆるも名籍已(すで)に定まる。帝信を外国に重んず。故に復た人を更(あらた)めず。乃ち其の事を窮案し、画工皆棄市せらる。其の家資を籍するに、皆巨万なり。

現代語訳

元帝の後宮には(宮女が)すでに多く、いつも(帝に)お会いするということはできなかった。そこで(帝は)画家に(宮女の)肖像画を描かせた。その肖像画を見て考えて(気に入った)女を呼んでかわいがった。多くの宮女たちは(美しく画いてもらって帝の寵愛を得ようと)みんな画家に賄賂を贈った。多い者は十万、少ない者も五万をくだらなかった。ただひとり王嫱だけは賄賂を贈ろうとしなかった。(そのため醜く描かれていたので)そのままついに(王嫱は帝に)お会いすることができなかった。匈奴が元帝の朝廷に参内し、美女を求めて匈奴の王の妻にしようとした。かくてこの時に元帝は肖像画を見て考え、(一番醜く描かれていた)王嫱を行かせることにした。去るに及んで(初めて元帝に)呼び出され(顔を)見てもらうと、容貌は後宮一の美しさであった。受け答えもうまく、立ち居振る舞いもしとやかで優雅である。元帝はこの決定を後悔したけれど名簿はすでに決定していた。元帝は外国に対して信用を重んじた。そのために二度と人を変更しなかった。そこでこんなことになったわけを徹底的に調べ、(賄賂をもらっていた)画家はみんな市中で処刑された。画家の財産を没収して帳簿に記入したところ、みな巨万の富を蓄えていた。

重要語句

常には〜(する)を得ず＝「いつも(機会があって)〜できるとは限らない」という部分否定。
乃ち＝そこで。
賂す＝賄賂を贈る。
肯んぜず＝したくない・承知しない。
是に於いて＝かくて・この時に・そこで。
応対＝受け答え。
閑雅なり＝しとやかで雅やかである。落ち着いて優雅である。
復た〜ず＝「二度とは〜ない」という部分否定。

作品

西京雑記 西京(前漢の都、長安のこと)の天子、后妃および有名人の逸話や宮室、御苑、制度、風俗などに関する話を覚え書き風に記録したもの。晋の葛洪(二八四〜三六三)の編。成立年代不明。

35 疑問形・反語形

基本問題

本冊 p.138

解答

108
(1) 人の為に謀りて忠ならざるか。
(2) 君に問ふ何ぞ能く爾ると。
(3) 沛公安くにか在る。
(4) 何為れぞ去らざるや。
(5) 五十歩を以て百歩を笑はば、則ち何如。

109
(1) 豈に千里を遠しとせんや。
(2) 安くんぞ能く之が足を為らん。
(3) 燕雀安くんぞ鴻鵠の志を知らんや。
(4) 王侯将相寧くんぞ種有らんや。
(5) 何遽ぞ福と為らざらんや。
(6) 如何ぞ涙垂れざらん。

110
(1) どうして逃げないだろうか、いやきっと逃げる。
(2) 決して逃げない。

解説

108 疑問形に注意して書き下す。
訳 (1) 人のために相談に乗って、真心を尽くさなかったのではないか。
(2) あなたに尋ねる、どうしてそのようにできるのかと。
(3) 沛公はどこにいるのか。
(4) どうして立ち去らないのか。
(5) 五十歩逃げた者が百歩逃げた者を笑うならば、どうか。

109 反語形に注意して書き下す。
訳 (1) どうして千里の道のりを遠いと思うだろうか、いや思わない。
(2) どうしてこれ(＝蛇)の足を描くことができようか、いやできない。
(3) 燕や雀のような小人物がどうして鴻鵠(＝おおとり)のような大人物の志を知ることができようか、いやできない。
(4) 王侯や将軍宰相になるのに、どうして生まれつきの血統があろうか、いやそんなものはない。
(5) どうして福とならないだろうか、いや福となる。
(6) どうして涙が垂れないだろうか、いや垂れる。

110 「敢不～」と「不敢～」の違いに注意する。「敢不～」は反語、「不敢～」は否定。

応用問題

本冊 p.139

解答

111 エ

解説

111 「安～乎」は反語形「安くんぞ～んや」。選択肢はアとエに絞られる。ア「死を無みする」は「死をないがしろにする」の意味で、反語だと「死をないがしろにできない」という意味になり場面に合わない。荘善は死地に赴こうとしているので、エ「我が身はどうして死なないことがあり得ようか、いやない」の方がよい。

---

36 抑揚形

基本問題

本冊 p.140

解答

112

(1) 死馬すら且つ之を買ふ。況んや生ける者をや。

(2) 庸人すら尚ほ之を羞づ。況んや将相に於いてをや。

(3) 臣死すら且つ避けず。卮酒安くんぞ辞するに足らん。

(4) 富貴なれば則ち親戚も之を畏懼し、貧賤なれば則ち之を軽易す。況んや衆人をや。

解説

112 抑揚形に注意して書き下す。

訳

(1) 死んだ馬でさえこれを買う。まして生きている馬ならなおさらだ。

(2) 並の人間でさえこれを恥ずかしく思う。まして将軍や宰相ならなおさらだ。

(3) 私は死でさえも避けようとはしない。杯の酒をどうして辞退しようか、いやしない。

(4) 金持ちになり地位が高くなると親戚の人でも恐れはばかり、貧しく身分が低くなると侮り軽んじる。まして一般の人ならなおさらである。

応用問題

本冊 p.141

解答

113 いはんやそのあくをや。

解説

113 抑揚形「況～乎」を正しく書き下す。

訳 たとえ人の善行でもこれを口にするべきではない。まして悪行ならなおさらである。

長文問題 十八史略

本冊 p.142

解答

問一 オ

問二 b エ c オ

問三 死馬すら且つ之を買ふ。況んや生ける者をや。
死んだ馬でさえ(五百金で)これを買う。まして生きている馬ならなおさら(もっと高く買うはず)だ。

問四 ウ

問五 遠大な計画も手近なところから着手せよ。物事は言い出した者からやり始めるべきだ。

問六 ましてこの私(隗)より賢い人物は、どうして千里の道のりを遠いと思おうか、いや思わない。
燕の国では、隗のように不賢な者でも昭王から優遇、重用されるので、隗よりは賢いと自負を持つ多くの者が、自分はもっと優遇・重用されるはずだと思い、遠い距離をものともせずに、全国から集まるから。

問七 (1) ア (2) イ (3) ウ

解説

問一 文中の「報」は「報復する・復讐する」意味。オ「報復」の「報」は「むくいる」の意味。それ以外の「報」は「知らせ」の意味。

問四 郭隗の話のおもしろさは、①昔話を利用し、次の伏線を張っている点、②その昔話で死馬を不賢なる者、千里の馬を賢者に喩えている点、③自分を死馬＝不賢なる者として、自分を優遇することで賢者を全国から集める策を進言している点、さらに、④自分を不賢だと認めさせながらも優遇させている点である。

書き下し文

燕の昭王死を弔ひ生を問ひ、辞を卑くし幣を厚くして、以て賢者を招く。郭隗に問ひて曰く、「斉は孤の国の乱るるに因りて、襲ひて燕を破る。孤極めて燕の小にして以て報ずるに足らざるを知る。誠に賢士を得て、与に国を共にし、以て先王の恥を雪がんことは、孤の願ひなり。先生可なる者を視せ。身之に事ふるを得ん。」と。隗曰く、「古の君に千金を以て涓人をして千里の馬を求めしむる者有り。死馬の骨を五百金に買ひて返る。君怒る。涓人曰く、『死馬すら且つ之を買ふ。況んや生ける者をや。馬今に至らん。』と。期年ならずして、千里の馬至る者三なり。今、王必ず士を致さんと欲せば、先づ隗より始めよ。況んや隗より賢なる者、豈に千里を遠しとせんや。」と。是に於いて昭王隗の為に宮を改築して、之に師事す。是に於いて士争ひて燕に趨く。

現代語訳

燕の昭王は戦死者を弔い生存者や遺族を慰め、丁寧な言葉を使い多くの贈り物を十分用意して、賢者を呼び寄せた。郭隗に尋ねて言うには、「斉の国は私の国が乱れたのにつけこんで、燕を襲い破った。私は燕の国が小国で（大国の斉に）報復できないことを十分に知っている。ぜひとも賢い立派な人物を得て、国の政治を一緒にやって、先王（亡き父）の恥をすすぐことは、私の念願である。先生（それができる）ふさわしい人物を教えてください。私の身はその人に師としてお仕えしたい。」と。郭隗が答えて言うには、「昔、ある国の君が千金で雑用係を使って一日に千里走る名馬を求めさせるということがあった。雑用係は死んだ名馬の骨を五百金で買って帰った。君は立腹した。雑用係が言うことには、『死んだ馬でさえ（五百金で）これを買う。まして生きている馬ならなおさら（もっと高く買うはず）だ。千里の馬は今にやってくるだろう。』と。まる一年もたたないうちに一日に千里走る名馬が三頭もやってきた。今、王がどうしても立派な人物を招きたいと欲するならば、まずこの私（を優遇すること）から始めなさい。ましてこの私より賢い人物は、どうして千里の道のりを遠いと思おうか、いや思わない。」と。かくて昭王は郭隗のために邸宅を改築して、先生として仕えた。かくて立派な人物が争って燕にやってきた。

重要語句

辞＝言葉。言語。
幣＝贈り物。
報ず＝報復する。復讐する。
雪ぐ＝恥をすすぐ。雪辱する。
事ふ＝（主君や目上の人に）仕える。師事する。
Aをして～しむ＝「Aに～させる」という使役。

63

Aすら且つB、況んやCをや＝「AでさえBだ。ましてCはなおさら(B)だ」という抑揚。

期年(きねん)＝まる一年。

致す(いたす)＝招く。引き寄せる。招き寄せる。

師事す＝先生としてその人に仕える。

士(し)＝立派な人。優れた人。学問、知識によって身を立てる人。戦国時代以降生じた知識人。

趣く(おもむく)＝やってくる。

作品

十八史略(じゅうはっしりゃく)　編年体で書かれた、太古から宋までの簡略な歴史書。初学者が中国の歴史の概略を知ることができるようにという目的で編纂された。宋末元初の曾先之(そうせんし)の編。成立年代不明。